Weihnachtsnüsse eß ich gern

Von Dorothée Kreusch-Jacob sind außerdem bei dtv junior lieferbar:
Das Liedmobil. 77 Spiel-, Spaß-, Wach- und Traumlieder. Mit Illustrationen von Hans Poppel, Band 70016
Da hüpft der Frosch den Berg hinauf. Allerlei Krabbelverse und Handspielereien, Band 7988

Ungekürzte Ausgabe
Oktober 1986
8. Auflage September 1994
Deutscher Taschenbuch Verlag GmbH & Co. KG, München
und Bärenreiter-Verlag Karl Vötterle GmbH & Co. KG,
Kassel · Basel · London
© 1984 Verlag Heinrich Ellermann GmbH & Co. KG, München
ISBN 3-7707-6249-5
Umschlaggestaltung: Klaus Meyer
Umschlagbild: Ursula Kirchberg
Gesamtherstellung: Kösel, Kempten
Printed in Germany · ISBN 3-423-07982-7 (dtv)
ISBN 3-7618-7982-2 (BVK)

Weihnachtsnüsse eß ich gern

Geschichten, Gedichte und
Lieder zur Winters- und Weihnachtszeit
Gesammelt von Dorothée Kreusch-Jacob
Illustriert von Ursula Kirchberg

Deutscher Taschenbuch Verlag
Bärenreiter-Verlag

Inhalt

Der Schneemann ist erfroren

Der Schneemann auf der Straße. *Robert Reinick / Dorothée Kreusch-Jacob* . 8
Der Himmel ist ein alter Schneemann. *Günter Bruno Fuchs* 9
Große Kälte, kleine Kälte 9
Der wilde Wind. *Karl Seibold / Dorothée Kreusch-Jacob* 10
Schnee im Dorf. *Josef Guggenmos* 11
Rätsel 12
Es schneielet 13
Es rengelet 13
ABC, die Katze lief im Schnee 14
Bärenglück. *Hans Stempel / Martin Ripkens* 15
Das Märchen vom kleinen Herrn Moritz. *Wolf Biermann* 16
Ach bittrer Winter 18
Das Pferd auf dem Kirchturm. *Erich Kästner* 19
Der Winter. *Peter Hacks* 20
Die Enten laufen Schlittschuh. *Christian Morgenstern* 21
Die drei Spatzen. *Christian Morgenstern* 21
Ein Lied hinterm Ofen zu singen. *Matthias Claudius* 22
Der Clown hätt' im Dezember gerne. *Karlhans Frank* 23
Die Raben. *Elisabeth Borchers / Dorothée Kreusch-Jacob* 24
Das wild Vögelein 25

Ein silbernes Warteinweilchen

Ich habe dich so lieb! *Joachim Ringelnatz* 28
Ich schenk dir was! 28
Der goldene Schlüssel. *Brüder Grimm* 29
Wer klopfet an? 30
Alle Jahre wieder 33
Traust du dich nachts zum Zauberbaum 34
Die stillste Zeit im Jahr. *Karl Heinrich Waggerl* 35
Klöpfeleslied 38
Bald nun ist Weihnachtszeit 39
Laßt uns froh und munter sein 40
Nikolaus für den Nikolaus. *Toni Francis* 41
Spielzeug. *Wolf Biermann* 43
Niklas, Niklas, guter Mann 44
Holler boller Rumpelsack. *Albert Sergel / Dorothée Kreusch-Jacob* . . . 44
Der kleine Flori und der Nikolaus. *Irina Korschunow* 45
Lieber guter Nikolas 47
Festessen. *Felix Hoerburger* 48
Der Bratapfel. *Fritz Kögel / Richard Rudolf Klein* 50

Das Feuer. *James Krüss*	51
Unser Pfefferkuchenmann. *Hanna Hanisch / Hans Poser*	52
Sant Niggi Näggi	53

Stern über Bethlehem

Wir bringen Frieden	56
Kostas muß reisen. *Bruno Horst Bull*	57
Ich steh an deiner Krippe hier	60
Maria durch ein' Dornwald ging	61
Es ist ein Ros entsprungen	62
Das Wunder. *Marie Luise Kaschnitz*	63
Da tut es sich eröffnen	69
Kaschubisches Weihnachtslied. *Werner Bergengruen*	70
O du fröhliche, o du selige	72
Stille Nacht, heilige Nacht	73
Vom Himmel hoch, da komm ich her. *Martin Luther*	74
Es kommt ein Schiff, geladen	75
Die Leihgabe. *Wolfdietrich Schnurre*	76
Auf dem Berge da geht der Wind	84
Lieb Nachtigall, wach auf!	85

Als ich bei meinen Schafen wacht

Stern über Bethlehem. *Alfred Hans Zoller*	88
Als ich bei meinen Schafen wacht	89
Was soll das bedeuten?	90
Kommet, ihr Hirten!	92
Inmitten der Nacht	93
Die Hirtenstrophe. *Peter Huchel*	94
Weihnacht. *Josef Guggenmos*	95
O laufet ihr Hirten	96
Bruder, ich geh auch mit dir	97
Joseph, lieber Joseph mein	98
Komm, wir gehn nach Bethlehem!	99
Eine Wintergeschichte. *Max Bolliger*	100
Still, still, still, weils Kindlein schlafen will	102
Susani	103
Der Hirte. *Helga Aichinger*	104

Ich bin ein kleiner König

Ich bin ein kleiner König	108
Bajuschki baju	108
Die heil'gen drei Könige. *Heinrich Heine*	109
Die Krone des Mohrenkönigs. *Otfried Preußler*	110
Es kommen sechs Propheten	119
Da kommen die drei König	120
Neujahrsnacht. *Josef Guggenmos*	121

Der Schneemann ist erfroren

Der Schneemann auf der Straße

Text: Robert Reinick
Melodie: Dorothée Kreusch-Jacob

Er rührt sich nicht vom Flecke,
auch wenn es stürmt und schneit.
Stumm steht er an der Ecke
zur kalten Winterszeit.

Doch tropft es von den Dächern
im ersten Sonnenschein,
da fängt er an zu laufen,
und niemand holt ihn ein.

Der Himmel ist ein alter Schneemann.
In seinem Gesicht
hocken Dächer und Schornsteine.

Er weint.

Seine Tränen sind ein großes Dach.
Größer als alle Dächer zusammen.
Unter seinen Tränen
kann ich spazierengehn.

Günter Bruno Fuchs

Große Kälte, kleine Kälte.
Vom Berg ist ein Knabe
weinend herabgekommen.
Was sagte er weinend denn?
»Kalt ist es«, sagte er weinend.

Japanisches Kinderlied

Der wilde Wind

Text: Karl Seibold
Melodie: Dorothée Kreusch-Jacob

Der Wind schleicht wie ein Räu-bers-mann um un-ser klei-nes Haus. Er klopft an Tür und Fen-ster an und kommt mit Saus und Braus.

Wir legen alle Riegel für
und lassen ihn nicht ein.
Da faucht er wie ein wildes Tier
zum Schlüsselloch hinein.

Sei nicht so zornig, lieber Wind,
verschon mein kleines Haus!
Im Bettlein liegt ein Wickelkind
und horcht zu dir hinaus.

Es summt der Wind um Haus und Herd,
es träumt mein kleiner Mann
von einem flockenweißen Pferd,
drauf sitzt ein Reitersmann.

Schnee im Dorf

Wohin man schaut, lümmeln sie auf den Hecken, dick und weiß und faul, und drücken die Zweige nieder. Schneebären!
Auf den Ästen der Obstbäume liegen sie zu Aberhunderten: Schneemarder und Schneemäuse! Schneepudel! Schneepumas! Und dort gar, in der großen Astgabel, ein richtiger Schneenikolaus!
Hubers haben einen Zaun. Der gilt nicht mehr. Schnee steigt von der Straße in Hubers Garten. Und von Hubers Garten in Auerbachs Garten.
Schnee.
Schnee.
Und es schneit noch immer.
Am Weg steht ein Nilpferd, bis hoch über die Ohren eingeschneit.
Vielleicht stößt man auch, wenn man nachgräbt, auf ein Auto.
Ich gehe mitten auf der Straße.
Heute fährt nur, wer wirklich muß. Keiner muß wirklich.
Ich tue einen spaßigen Gang. Zum Postkasten. Unterm Mantel, in der inneren Rocktasche, trage ich einen Brief nach Graz. Ich hätte auch draufschreiben können: Paradies. Oder Atlantis. Es gibt nur noch das Dorf. Und vielleicht noch die Flur drumherum. Und wenn's hoch geht, den Wald auf dem Hügel.
Ein Schneemann kommt auf mich zu. Wir bleiben stehen und reden ein paar Worte miteinander.
Heute redet jeder mit jedem.
So ein Tag ist das.

Josef Guggenmos

Schuhe brauchen keine Sohlen?

(Hahn)

Stand ein Ries' in großer Pracht
grimmig auf den Beinen,
aber als die Sonne lacht,
fing er an zu weinen.

(Schneemann)

Weiß wie Kreide,
leicht wie Flaum,
weich wie Seide,
feucht wie Schaum.

(Schnee)

Ich kenne einen, der viel raucht,
dabei nicht Pfeif', nicht Tabak braucht.
Er sitzt auf eurem Dach,
und raucht den ganzen Tag.

(Kamin)

Flog vogel federlos
saß auf baum blattlos
kam frau fußlos
fing ihn handlos
briet ihn feuerlos
fraß ihn mundlos.

(Schnee und Sonne)

Es schneielet …

Es schnei-e-let, es bei-e-let, es goht e chüe-le Wind, und d' Mait-li le-ge d'Händ-schen a, und d' Bue-be lau-fet gschwind.

Es schneielet, es beielet,
es goht e chüele Wind,
es früren alli Stüdeli
und alli arme Chind.

Es schneielet, es beielet,
es wäit a chüele Wind,
hesch du nes bitzli Brot im Sack,
gibs emen arme Chind.

aus der Schweiz

s rengelet, es schneibelet,
es goht a kalter Wind.
Da kommet de Frau Basele
mit ihrer lange Nasele
und sagt: es isch a Sünd!

aus Schwaben

ABC, die Katze lief im Schnee

D Engele hans Bett gemacht,
d Federn fliegen runter!
Alle Tag, da wachen sie,
zur Nacht, da sind se munter.
Wäre sie net munter z Nacht,
wer hätt denn dann mein Kind bewacht?

Bärenglück

Ein Bär läuft durch den Winterwald.
Der Winterwald ist bitter kalt.
Der Bär trägt einen Hut,
der ihn behüten tut.

Da hat der Bär den Hut verloren.
Da friert der Bär an Nas' und Ohren.
Da läuft er flink zur Mutter heim.
Da schlürft er Milch mit Honigseim.
Da brummt der Bär und lacht.
Jetzt schlaf schön. Gute Nacht!

Hans Stempel + Martin Ripkens

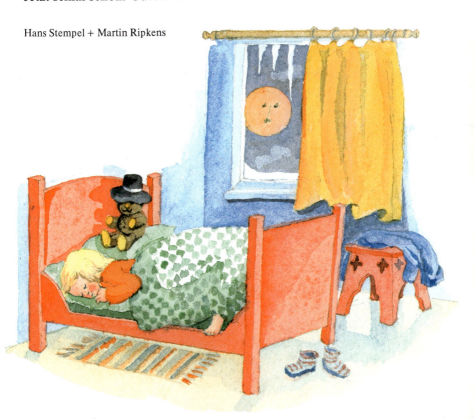

Das Märchen vom kleinen Herrn Moritz, der eine Glatze kriegte

Es war einmal ein kleiner älterer Herr, der hieß Herr Moritz und hatte sehr große Schuhe und einen schwarzen Mantel dazu und einen langen schwarzen Regenschirmstock, und damit ging er oft spazieren.
Als nun der lange Winter kam, der längste Winter auf der Welt in Berlin, da wurden die Menschen allmählich böse.
Die Autofahrer schimpften, weil die Straßen so glatt waren, daß die Autos ausrutschten. Die Verkehrspolizisten schimpften, weil sie immer auf der kalten Straße rumstehen mußten. Die Verkäuferinnen schimpften, weil ihre Verkaufsläden so kalt waren. Die Männer von der Müllabfuhr schimpften, weil der Schnee gar nicht alle wurde. Der Milchmann schimpfte, weil ihm die Milch in den Milchkannen zu Eis gefror. Die Kinder schimpften, weil ihnen die Ohren ganz rot gefroren waren, und die Hunde bellten vor Wut über die Kälte schon gar nicht mehr, sondern zitterten nur noch und klapperten mit den Zähnen vor Kälte, und das sah auch sehr böse aus.
An einem solchen kalten Schneetag ging Herr Moritz mit seinem blauen Hut spazieren, und er dachte: »Wie böse die Menschen alle sind, es wird höchste Zeit, daß wieder Sommer wird und Blumen wachsen.«
Und als er so durch die schimpfenden Leute in der Markthalle ging, wuchsen ganz schnell und ganz viel Krokusse, Tulpen und Maiglöckchen und Rosen und Nelken, auch Löwenzahn und Margeriten. Er merkte es aber erst gar nicht, und dabei war schon längst sein Hut vom Kopf hochgegangen, weil die Blumen immer mehr wurden und auch immer länger.
Da blieb vor ihm eine Frau stehn und sagte: »Oh, Ihnen wachsen aber schöne Blumen auf dem Kopf!«
»Mir Blumen auf dem Kopf!« sagte Herr Moritz, »so was gibt es gar nicht!«
»Doch! Schauen Sie hier in das Schaufenster, Sie können sich darin spiegeln. Darf ich eine Blume abpflücken?«

Und Herr Moritz sah im Schaufensterspiegelbild, daß wirklich Blumen auf seinem Kopf wuchsen, bunte und große vielerlei Art, und er sagte: »Aber bitte, wenn Sie eine wollen ...«
»Ich möchte gerne eine kleine Rose«, sagte die Frau und pflückte sich eine.
»Und ich eine Nelke für meinen Bruder«, sagte ein kleines Mädchen, und Herr Moritz bückte sich, damit das Mädchen ihm auf den Kopf langen konnte. Er brauchte sich aber nicht so sehr tief zu bücken, denn er war etwas kleiner als andere Männer. Und viele Leute kamen und brachen sich Blumen vom Kopf des kleinen Herrn Moritz, und es tat ihm nicht weh, und die Blumen wuchsen immer gleich nach, und es kribbelte so schön am Kopf, als ob ihn jemand freundlich streichelte, und Herr Moritz war froh, daß er den Leuten mitten im kalten Winter Blumen geben konnte. Immer mehr Menschen kamen zusammen und lachten und wunderten sich und brachen sich Blumen vom Kopf des kleinen Herrn Moritz, und keiner, der eine Blume erwischt hatte, sagte an diesem Tag ein böses Wort.
Aber da kam auf einmal auch der Polizist Max Kunkel. Max Kunkel war schon seit zehn Jahren in der Markthalle als Markthallenpolizist tätig, aber so was hatte er noch nicht gesehn! Mann mit Blumen auf dem Kopf! Er drängelte sich durch die vielen lauten Menschen, und als er vor dem kleinen Herrn Moritz stand, schrie er: »Wo gibt's denn so was! Blumen auf dem Kopf, mein Herr! Zeigen Sie doch mal bitte sofort Ihren Personalausweis!«
Und der kleine Herr Moritz suchte und suchte und sagte verzweifelt: »Ich habe ihn doch immer bei mir gehabt, ich hab ihn doch in der Tasche gehabt!« Und je mehr er suchte, um so mehr verschwanden die Blumen auf seinem Kopf.
»Aha«, sagte der Polizist Max Kunkel, »Blumen auf dem Kopf haben Sie, aber keinen Ausweis in der Tasche!«
Und Herr Moritz suchte immer ängstlicher seinen Ausweis und war ganz rot vor Verlegenheit, und je mehr er suchte – auch im Jackenfutter –, um so mehr schrumpften die Blumen zusammen, und der Hut ging allmählich wieder runter auf den Kopf! In seiner Verzweiflung nahm Herr Moritz seinen Hut ab, und siehe da, unter dem Hut lag in

17

der abgegriffenen Gummihülle der Personalausweis. Aber was noch!?
Die Haare waren alle weg! Kein Haar mehr auf dem Kopf hatte der
kleine Herr Moritz. Er strich sich verlegen über den kahlen Kopf und
setzte dann schnell den Hut drauf.
»Na, da ist ja der Ausweis«, sagte der Polizist Max Kunkel freundlich,
»und Blumen haben Sie ja wohl auch nicht mehr auf dem Kopf, wie?!«
»Nein ...«, sagte Herr Moritz und steckte schnell seinen Ausweis ein
und lief, so schnell man auf den glatten Straßen laufen konnte, nach
Hause. Dort stand er lange vor dem Spiegel und sagte zu sich: »Jetzt
hast du eine Glatze, Herr Moritz!«

Wolf Biermann

Ach bittrer Winter

Die bunten Blümlein sind worden fahl,
entflogen ist uns Frau Nachtigall.
Sie ist entflogen, wird sie wieder singen?

Das Pferd auf dem Kirchturm

Meine erste Reise nach Rußland unternahm ich mitten im tiefsten Winter. Denn im Frühling und im Herbst sind die Straßen und Wege in Polen, Kurland und Livland vom Regen so zerweicht, daß man stekkenbleibt, und im Sommer sind sie knochentrocken und so staubig, daß man vor lauter Husten nicht vorwärts kommt. Ich reiste also im Winter und, weil es am praktischsten ist, zu Pferde. Leider fror ich jeden Tag mehr, denn ich hatte einen zu dünnen Mantel angezogen, und das ganze Land war so zugeschneit, daß ich oft genug weder Weg noch Steg sah, keinen Baum, keinen Wegweiser, nichts, nichts, nur Schnee.

Eines Abends kletterte ich, steif und müde, von meinem braven Gaul herunter und band ihn, damit er nicht fortliefe, an einer Baumspitze fest, die aus dem Schnee herausschaute. Dann legte ich mich, nicht weit davon, die Pistole unterm Arm, auf meinen Mantel und nickte ein. Als ich aufwachte, schien die Sonne. Und als ich mich umgeschaut hatte, rieb ich mir erst einmal die Augen. Wißt ihr, wo ich lag? Mitten in einem Dorf, und noch dazu auf dem Kirchhof! Donner und Doria! dachte ich. Denn wer liegt schon gerne kerngesund, wenn auch ziemlich verfroren, auf einem Dorfkirchhof? Außerdem war mein Pferd verschwunden! Und ich hatte es doch neben mir angepflockt! Plötzlich hörte ich's laut wiehern. Und zwar hoch über mir! Nanu! Ich blickte hoch und sah das arme Tier am Wetterhahn des Kirchturms hängen! Es wieherte und zappelte und wollte begreiflicherweise wieder herunter. Aber wie um alles in der Welt war's denn auf den Kirchturm hinaufgekommen? Allmählich begriff ich, was geschehen war. Also: Das Dorf mitsamt der Kirche war eingeschneit gewesen, und was ich im Dunkeln für eine Baumspitze gehalten hatte, war der Wetterhahn der Dorfkirche gewesen! Nachts war dann das Wetter umgeschlagen. Es hatte getaut. Und ich war, während ich schlief, mit dem schmelzenden Schnee Zentimeter um Zentimeter hinabgesunken, bis ich zwischen den Grabsteinen aufwachte.

Freiherr von Münchhausen. Erzählt von Erich Kästner

Der Winter

Im Winter geht die Sonn
erst mittags auf die Straße
und friert in höchstem Maße
und macht sich schnell davon.

Ein Rabe stelzt im Schnee
mit graugeschneitem Rücken,
in seinen Fußabdrücken
sieht man jeden Zeh.

Der Winter ist voll Grimm.
Doch wenn die Mutter Geld hat
und viele Briketts bestellt hat,
dann ist er nicht so schlimm.

Peter Hacks

Die Enten laufen Schlittschuh
auf ihrem kleinen Teich.
Wo haben sie denn die Schlittschuh her –
sie sind doch gar nicht reich?

Wo haben sie denn die Schlittschuh her?
Woher? Vom Schlittschuhschmied!
Der hat sie ihnen geschenkt, weißt du,
für ein Entenschnatterlied.

Christian Morgenstern

Die drei Spatzen

In einem leeren Haselstrauch
da sitzen drei Spatzen, Bauch an Bauch.

Der Erich rechts und links der Franz
und mitten drin der freche Hans.

Sie haben die Augen zu, ganz zu,
und obendrüber da schneit es, hu!

Sie rücken zusammen dicht an dicht.
So warm wie der Hans hat's niemand nicht.

Sie hör'n alle drei ihrer Herzlein Gepoch.
Und wenn sie nicht weg sind, so sitzen sie noch.

Christian Morgenstern

Ein Lied hinterm Ofen zu singen

Der Winter ist ein rechter Mann,
Kernfest und auf die Dauer;
Sein Fleisch fühlt sich wie Eisen an,
Und scheut nicht Süß noch Sauer.

War je ein Mann gesund wie er?
Er krankt und kränkelt nimmer,
Er trotzt der Kälte wie ein Bär
Und schläft im kalten Zimmer.

Er zieht sein Hemd im Freien an
Und läßt's vorher nicht wärmen
Und spottet über Fluß im Zahn
Und Grimmen in Gedärmen.

Aus Blumen und aus Vogelsang
Weiß er sich nichts zu machen,
Haßt warmen Drang und warmen Klang
Und alle warmen Sachen.

Doch wenn die Füchse bellen sehr,
Wenn's Holz im Ofen knittert,
Und um den Ofen Knecht und Herr
Die Hände reibt und zittert;

Wenn Stein und Bein vor Frost zerbricht
Und Teich' und Seen krachen:
Das klingt ihm gut, das haßt er nicht,
Dann will er tot sich lachen. -

Sein Schloß von Eis liegt ganz hinaus
Beim Nordpol an dem Strande;
Doch hat er auch ein Sommerhaus
Im lieben Schweizerlande.

Da ist er denn bald dort, bald hier,
Gut Regiment zu führen;
Und wenn er durchzieht, stehen wir
Und sehn ihn an und frieren.

Matthias Claudius

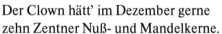

Der Clown hätt' im Dezember gerne
zehn Zentner Nuß- und Mandelkerne.

Vermute nicht er sei verfressen,
kein Kernchen will er selber essen!

Mit diesen Nüssen und den Mandeln
will unser Clown zum Waldrand wandeln,

dort will er alle gut verstreuen,
damit die Vögel sich erfreuen.

Die Vögel sollen dann durch Singen
den Menschen Weihnachtsfreude bringen.

Die frohen Menschen sollen denken,
wie sie die Freude weiterschenken,

und zwar an jedem Tag im Jahr.
Das wäre wirklich wunderbar!

Karlhans Frank

Die Raben

Text: Elisabeth Borchers
Melodie: Dorothée Kreusch-Jacob

Der Him-mel ist so lang wie breit, so kla-gen die vier Ra-ben. Der Schnee liegt tief, der Schnee liegt weit, weiß lie-gen Berg und Gra-ben.

Ein' Knochen hat der Nachbarshund,
sagt einer der vier Raben.
Das Wasser läuft mir in den Mund,
als hätt' es zwölf geschlagen.

Gibt keiner uns ein Stückchen Brot,
sagt einer der vier Raben,
sind wir schon übermorgen tot.
Der Schnee wird uns begraben.

Da machen sie die Flügel breit,
vier rabenschwarze Raben,
und fliegen fort und fliegen weit,
weit über Berg und Graben.

Das wild Vögelein
17. Jahrhundert

»O sing mir noch, o sing mir noch,
du kleines wildes Vögelein!
Ich will um deine Federchen
dir Gold und Seide winden.«

»Behalt dein Gold, behalt dein Seid,
ich will dir nimmer singen;
ich bin ein klein wild Vögelein,
und niemand kann mich zwingen.«

»Geh du herauf aus diesem Tal,
der Reif wird dich auch drücken.«
»Drückt mich der Reif, der Reif so kalt,
Frau Sonn wird mich erquicken.«

Ein silbernes Warteinweilchen

Ich habe dich so lieb!
Ich würde dir
ohne Bedenken
eine Kachel
aus meinem Ofen
schenken.

Joachim Ringelnatz

Ich schenk dir was!
Was ist denn das?
Ein silbernes Warteinweilchen,
und ein goldenes Nixchen
in einem niemalenen Büchschen.

Der goldene Schlüssel

Zur Winterszeit, als einmal ein tiefer Schnee lag, mußte ein armer Junge hinausgehen und Holz auf einem Schlitten holen. Wie er es nun zusammengesucht und aufgeladen hatte, wollte er, weil er so erfroren war, noch nicht nach Haus gehen, sondern erst Feuer anmachen und sich ein bißchen wärmen. Da scharrte er den Schnee weg, und wie er so den Erdboden aufräumte, fand er einen kleinen goldenen Schlüssel. Nun glaubte er, wo der Schlüssel wäre, müßte auch das Schloß dazu sein, grub in der Erde und fand ein eisernes Kästchen. Wenn der Schlüssel nur paßt! dachte er, es sind gewiß kostbare Sachen in dem Kästchen. Er suchte, aber es war kein Schlüsselloch da, endlich entdeckte er eins, aber so klein, daß man es kaum sehen konnte. Er probierte, und der Schlüssel paßte glücklich. Da drehte er einmal herum, und nun müssen wir warten, bis er vollends aufgeschlossen und den Deckel aufgemacht hat, dann werden wir erfahren, was für wunderbare Sachen in dem Kästchen lagen.

Brüder Grimm

Wer klopfet an?

(2.Wirt:) Wer vor der Tür? »Ein Weib mit ihrem Mann.«
Was wollt denn ihr? »Hört unser Bitten an!
Lasset heut bei Euch uns wohnen,
Gott wird Euch schon alles lohnen!«
Was zahlt ihr mir? »Kein Geld besitzen wir!«
Dann geht von hier! »O öffnet uns die Tür!«
Ei, macht mir kein Ungestüm,
da packt euch, geht wo anders hin!

(3.Wirt:) Was weinet ihr? »Vor Kält erstarren wir.«
Wer kann dafür? »O gebt uns doch Quartier!
Überall sind wir verstoßen,
jedes Tor ist uns verschlossen!«
So bleibt halt drauß! »O öffnet uns das Haus!«
Da wird nichts draus. »Zeigt uns ein andres Haus.«
Dort geht hin zur nächsten Tür!
Ich hab nicht Platz, geht nur von hier!

(4.Wirt:) Da geht nur fort! »O Freund, wohin? wo aus?«
Ein Viehstall dort! »Geh, Joseph, nur hinaus!
O mein Kind, nach Gottes Willen
mußt du schon die Armut fühlen.«
Jetzt packt euch fort! »O, dies sind harte Wort!«
Zum Viehstall dort! »O, wohl ein schlechter Ort!«
Ei, der Ort ist gut für euch;
ihr braucht nicht viel.
Da geht nur gleich!

Alle Jahre wieder   Text: Friedrich Silcher

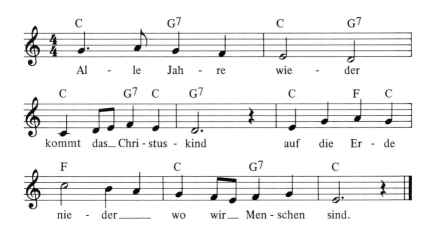

Kehrt mit seinem Segen
ein in jedes Haus,
geht auf allen Wegen
mit uns ein und aus.

Ist auch mir zur Seite
still und unerkannt,
daß es treu mich leite
an der lieben Hand.

Traust du dich nachts zum Zauberbaum,
allein, durch stille Gassen?
Dann siehst du sieben Geisterlein,
die Wünsche wachsen lassen.

Hermann Krekeler

Die stillste Zeit im Jahr

Immer am zweiten Sonntag im Advent stieg der Vater auf den Dachboden und brachte die große Schachtel mit dem Krippenzeug herunter. Ein paar Abende lang wurde dann fleißig geleimt und gemalt, etliche Schäfchen waren ja lahm geworden, und der Esel mußte einen neuen Schwanz bekommen, weil er ihn in jedem Sommer abwarf wie ein Hirsch sein Geweih. Aber endlich stand der Berg wieder wie neu auf der Fensterbank, mit glänzendem Flitter angeschneit, die mächtige Burg mit der Fahne auf den Zinnen und darunter der Stall. Das war eine recht gemütliche Behausung, eine Stube eigentlich, sogar der Herrgottswinkel fehlte nicht und ein winziges ewiges Licht unter dem Kreuz. Unsere Liebe Frau kniete im seidenen Mantel vor der Krippe, und auf der Strohschütte lag das rosige Himmelskind, leider auch nicht mehr ganz heil, seit ich versucht hatte, ihm mit der Brennschere neue Locken zu drehen. Hinten standen Ochs und Esel und bestaunten das Wunder. Der Ochs bekam sogar ein Büschel Heu ins Maul gesteckt, aber er fraß es ja nie. Und so ist es mit allen Ochsen, sie schauen nur und schauen und begreifen rein gar nichts.

Weil der Vater selber Zimmermann war, hielt er viel darauf, daß auch sein Patron, der Heilige Joseph, nicht nur so herumlehnte, er dachte sich in jedem Jahr ein anderes Geschäft für ihn aus. Joseph mußte Holz hacken oder die Suppe kochen oder mit der Laterne die Hirten einweisen, die von überallher gelaufen kamen und Käse mitbrachten oder Brot oder was sonst arme Leute zu schenken haben.

Es hauste freilich ein recht ungleiches Volk in unserer Krippe, ein Jäger, der zwei Wilddiebe am Strick hinter sich herzog, aber auch etliche Zinnsoldaten und der Fürst Bismarck und überhaupt alle Bresthaften aus der Spielzeugkiste.

Ganz zuletzt kam der Augenblick, auf den ich schon tagelang lauerte. Der Vater klemmte plötzlich meine Schwester zwischen die Knie, und ich durfte ihr das längste Haar aus dem Zopf ziehen, ein ganzes Büschel mitunter, damit man genügend Auswahl hatte, wenn dann ein golden gefiederter Engel darangeknüpft und über die Krippe aufgehängt wurde, damit er sich unmerklich drehte und wachsam umherblickte.

Das Gloria sangen wir selber dazu. Es klang vielleicht ein bißchen grob in unserer breiten Mundart, aber Gott schaut seinen Kindern ja ins Herz und nicht in den Kopf oder aufs Maul. Und es ist auch gar nicht so, daß er etwa nur Latein verstünde.

Mitunter stimmten wir auch noch das Lieblingslied der Mutter an, das vom Tannenbaum. Sie beklagte es ja oft, daß wir so gar keine musikalische Familie waren. Nur sie selber konnte gut singen, hinreißend schön für meine Begriffe, sie war ja auch in ihrer Jugend Kellnerin gewesen. Wir freilich kamen nie über eine Strophe hinaus. Schon bei den ersten Tönen fing die Schwester aus übergroßer Ergriffenheit zu schluchzen an. Der Vater hielt ein paar Takte länger aus, bis er endlich merkte, daß seine Weise in ein ganz anderes Lied gehörte, etwa in das von dem Kanonier auf der Wacht. Ich selber aber konnte in meinem verbohrten Grübeln, wieso denn ein Tannenbaum zur Winterzeit grüne Blätter hatte, die zweite Stimme nicht halten. Daraufhin brachte die Mutter auch mich mit einem Kopfstück zum Schweigen und sang das Lied als Solo zu Ende, wie sie es gleich hätte tun sollen. Advent, sagt man, sei die stillste Zeit im Jahr. Aber in meinem Bubenalter war es keineswegs die stillste Zeit. In diesen Wochen lief die Mutter mit hochroten Wangen herum, wie mit Sprengpulver geladen, und die Luft in der Küche war sozusagen geschwängert mit Ohrfeigen. Dabei roch die Mutter so unbeschreiblich gut, überhaupt ist ja der Advent die Zeit der köstlichen Gerüche. Es duftet nach Wachslichtern, nach angesengtem Reisig, nach Weihrauch und Bratäpfeln. Ich sage ja nichts gegen Lavendel und Rosenwasser, aber Vanille riecht doch eigentlich viel besser, oder Zimt und Mandeln.

Mich ereilten dann die qualvollen Stunden des Teigrührens. Vier Vaterunser das Fett, drei die Eier, ein ganzer Rosenkranz für Zucker und Mehl. Die Mutter hatte die Gewohnheit, alles Zeitliche in ihrer Kochkunst nach Vaterunsern zu bemessen, aber die mußten laut und sorgfältig gebetet werden, damit ich keine Gelegenheit fände, den Finger in den köstlichen Teig zu tauchen. Wenn ich nur erst den

Bubenstrümpfen entwachsen wäre, schwor ich mir damals, dann wollte ich eine ganze Schüssel voll Kuchenteig aufessen, und die Köchin sollte beim geheizten Ofen stehen und mir dabei zuschauen müssen! Aber leider, das ist einer von den Knabenträumen geblieben, die sich nie erfüllt haben.

Am Abend nach dem Essen wurde der Schmuck für den Christbaum erzeugt. Auch das war ein unheilschwangeres Geschäft. Damals konnte man noch ein Buch echten Blattgoldes für ein paar Kreuzer beim Krämer kaufen. Aber nun galt es, Nüsse in Leimwasser zu tauchen und ein hauchdünnes Goldhäutchen herumzublasen. Das Schwierige bei der Sache war, daß man vorher nirgendwo Luft von sich geben durfte. Wir saßen alle in der Runde und liefen blaurot an vor Atemnot, und dann geschah es eben doch, daß jemand plötzlich niesen mußte. Im gleichen Augenblick segelte eine Wolke von glänzenden Schmetterlingen durch die Stube. Einerlei, wer den Zauber verschuldet hatte, das Kopfstück bekam jedenfalls ich, obwohl es nur bewirkte, daß sich der goldene Unsegen von neuem in die Lüfte hob. Ich wurde dann in die Schlafkammer verbannt und mußte Silberpapier um Lebkuchen wickeln, um ungezählte Lebkuchen.

Karl Heinrich Waggerl

Klöpfeleslied

Wir zie-hen da-her so spät in der Nacht,
denn heut is ein hei-li-ge Klöp-fe-les-nacht.

Wir ziehen daher über Bauern sei Eck,
Wir hörns scho, wir sehns scho, sie san scho im Bett.

Wir ziehen daher übern Bauern sein Hof,
Wir werdn ihm scho hüatn seine Rinder und Ross.

Wir wünschen dem Bauern an goldigen Wagn,
Daß er mit der Bäurin in Himmel kann fahrn.

Wir wünschen der Bäurin an goldigen Ring,
In der Mitt drin a Sterndl, liegt 's Christkindl drin.

Wir wünschen de Hausleut a glückseligs neues Jahr,
A Christkindl, a Christkindl mit aufkrauste Haar.

Wir könna net dableibn, wir müassn wieda geh,
für des, was ma kriagt ham, bedank ma uns schö.

Aus Altbayern kommt der Brauch des Klöpfelessingens. Die Klöpfelesnächte, das sind die drei Donnerstage vor Weihnachten. Da gehen die Kinder durchs Dorf, klopfen an die Türen und singen ein Lied. Dafür gibt's was in die Hosentaschen: Äpfel, Orangen oder Lebkuchen.

Bald nun ist Weihnachtszeit

Text: Carola Wilk
Melodie: Hans Helmut

1. Bald nun ist Weih-nachts-zeit, fröh-li-che Zeit,
jetzt ist der Weih-nachtsmann gar nicht mehr weit,
jetzt ist der Weih-nachtsmann gar nicht mehr weit.

Horch nur, der Alte klopft draußen ans Tor.
mit seinem Schimmel, so steht er davor,
mit seinem Schimmel, so steht er davor,

Leg ich dem Schimmelchen Heu vor das Haus
packt gleich der Ruprecht den großen Sack aus,
packt gleich der Ruprecht den großen Sack aus.

Laßt uns froh und munter sein

Laßt uns froh und munter sein
und uns recht von Herzen freun!
Lustig, lustig, tralerallera,
bald ist Niklausabend da,
bald ist Niklausabend da.

Dann stell ich den Teller auf,
Niklaus legt gewiß was drauf.
Lustig…

Wenn ich schlaf, dann träume ich:
Jetzt bringt Niklaus was für mich.
Lustig…

Wenn ich aufgestanden bin,
lauf ich schnell zum Teller hin.
Lustig…

Niklaus ist ein guter Mann,
dem man nicht g'nug danken kann.
Lustig…

Nikolaus für den Nikolaus

Das ist die Geschichte von ›Père Claude‹, dem bekanntesten und bis heute unvergessenen Nikolaus von Paris.
»Père Noël, Père Noël, bitte schenk mir ein Bonbon!« Kein Kind bat umsonst. Vater Claude hatte immer alle Taschen seines roten Mantels voll Süßigkeiten. Vor jedem Weihnachtsfest fand man den über Siebzigjährigen in der Spielzeugabteilung eines Pariser Warenhauses, gut aufgelegt, immer von Kindern umdrängt. Immer hörte er sich geduldig alle Wünsche an. Ein Nikolaus, wie er im Buche steht.
Ja, und da passierte es an einem Nikolaustag, daß die Kinder von Paris vergeblich ihren Vater Claude suchten. Vor dem Warenhaus stand ein anderer ›Père Noël‹. Auch er verteilte Bonbons. Aber die Kinder suchten Vater Claude. »Der Neue hat ja nicht mal einen richtigen Bart!« riefen die Kinder. »Wo ist Père Claude? Wir wollen unseren Vater Claude wieder haben!«
Das sei nicht mehr möglich, versuchte der Geschäftsführer des Warenhauses den Kindern zu erklären. Père Claude könne seinen Dienst nicht mehr versehen. Er sei jetzt zu alt, außerdem krank. Einen kranken Nikolaus dürfe sich das Warenhaus schon wegen der Kinder nicht leisten.
»Ich weiß, wo Père Claude wohnt«, rief ein Junge mit heller Stimme. »Kommt, wir besuchen ihn!« – »Wir bringen ihm etwas mit«, schlugen ein paar Mädchen vor.
»Eine Flasche Wein!« – »Etwas zu essen!«
Gesagt, getan. Die Kinder schütteten ihre Centimes- und Francstücke auf einen Haufen. Dann kauften sie im Warenhaus ein. Als die Verkäuferinnen in der Lebensmittelabteilung erfuhren, worum es ging, nahmen sie das Geld gar nicht an und gaben obendrein noch eine Flasche Schnaps und ein Stück kalten Braten dazu.
Es war schon dunkel, als die Kinder endlich das alte Miethaus fanden. Die Türe stand offen; von der Hausmeisterin war weit und breit keine Spur zu sehen.

Sieben Stockwerke stiefelten die Kinder die ausgetretenen Steintreppen hoch. Vater Claude wohnte in einer Mansarde unterm Dach.
So leer das Haus bisher gewesen war, so viele Menschen drängten sich auf einmal auf der obersten Treppe. Ein Mann wollte die ausgelassene Schar barsch hinunterweisen: »Hier habt ihr nichts verloren«, fuhr er die Kinder an. »Marsch, hinaus mit euch!«
Aber sonderbar: Warum wurden die vielen Menschen mit einemmal so still, als die Kinder vorbrachten, daß sie doch nur für den alten Père Claude, den Nikolaus von Paris, selber den Nikolaus machen wollten. Frauen und Männer traten beiseite und ließen die Kinder den schmalen Mansardengang entlanglaufen. »Da ist sein Zimmer«, flüsterte der Bub, der sich auskannte. Ja, da war das kalte, elende Mansardenzimmer von Père Claude. Auch Père Claude war da, sogar im vollen Staat seines roten Mantels. Nur daß der alte Mann jetzt auf seinem Bett lag und sich nicht rührte...
Die Kinder erfuhren noch, daß ihr Vater Claude um die Mittagszeit gestorben war. Er habe, so meinte die Hausmeisterin, es einfach nicht überlebt, daß er nicht mehr der ›Père Noël‹ von Paris sein konnte.

Toni Francis

Spielzeug

Mit der Eisenbahn
lernen wir
zur Oma fahrn.
Das macht Spaß.
Mit der Puppe
essen wir
gerne unsere Suppe.
Das macht Spaß.
Mit dem Ball
schmeißen wir
Peters Bären um,
der ist dumm.
Mit den Muschikatzen
lernt der Paul
die Anne kratzen.
Das macht Spaß.
Mit dem Panzer lernen wir:
Wie man
Eisenbahn,
Puppe, Suppe,
Ball und Bär,
Muschikatzen
und noch mehr,
Anne, Pappa,
Haus und Maus
einfach kaputt macht.

Wolf Biermann

Niklas, Niklas, guter Mann,
zieh die großen Stiefel an,
reis mit uns nach Spanien,
kauf Äpfel und Kastanien,
setz dein Schimmelchen unter den Tisch,
daß es Heu und Hafer frißt.
Heu und Hafer frißt es nicht,
Zuckerplätzchen kriegt es nicht,
lustig, lustig, trallerallera,
bald ist Niklasabend da.

Holler boller Rumpelsack

Text: Albert Sergel
Melodie: Dorothée Kreusch-Jacob

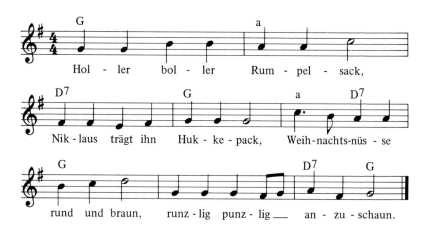

Knackt die Schale, springt der Kern,
Weihnachtsnüsse eß ich gern.
Komm bald wieder in dies Haus,
guter, alter Nikolaus!

Der kleine Flori und der Nikolaus

Der kleine Flori war vom ersten Schultag an ein ganz schlimmer Schlamper. Dauernd ließ er irgend etwas im Schulzimmer liegen, die Mütze oder seine Handschuhe, die Fibel, das Rechenbuch, die Tafel, ein Heft oder das Federmäppchen. Manchmal vergaß er sogar alles miteinander und lief mit leerem Schulranzen heim. Und es kam noch schlimmer: Eines Nachmittags nämlich, als Flori die vergessene Fibel holen wollte, lag sie nicht mehr auf seiner Bank; Flori suchte und suchte, aber die Fibel war wie weggeblasen. Am nächsten Tag konnte Flori das Rechenbuch nicht finden, am übernächsten Tag war die Tafel fort. Das war kurz vor dem Nikolaustag, und die Mutter meinte: »Ich glaube, diesmal bringt der Nikolaus höchstens eine Rute.«
Aber das glaubte Flori auf keinen Fall. In den vergangenen Jahren war der Nikolaus immer nett zu ihm gewesen. Sicher würde er auch in diesem Jahr nichts von der Schlamperei gemerkt haben und wieder die guten Mandellebkuchen mitbringen, die Flori so gerne aß, und die nur der Nikolaus hatte.
Ja, und dann kam er, der Nikolaus! Er pochte laut an der Tür und stapfte herein in seinem roten Mantel und mit der Bischofsmütze aus Gold. Auch einen vollen Sack hatte er dabei, und Flori schaute schon beim Beten nur auf den Sack und überlegte, an welcher Stelle wohl die Lebkuchen für ihn stecken mochten. Aber der Nikolaus machte gar keine Anstalten, Lebkuchen aus dem Sack zu holen. Er sah den Flori mit gerunzelter Stirn an, so streng wie noch nie.
»Warst du auch brav, Flori?«

»Ja«, sagte Flori schnell, obwohl er natürlich genau wußte, daß das nicht ganz stimmte.
»So, so«, brummte der Nikolaus, »brav warst du? Und immer recht ordentlich? Und du hast nie etwas verschlampt oder vertrödelt?«
Jetzt sagte Flori gar nichts mehr. Nur sein Herz klopfte laut.
»Was meinst du wohl, was ich dir mitgebracht habe?« fragte der Nikolaus und griff nach seinem Sack.
»Ma-Ma-Mandellebkuchen«, stotterte Flori.
Aber der Nikolaus schüttelte den Kopf.
»Für Mandellebkuchen war im Sack kein Platz mehr«, sagte er, »weil ich doch so viele andere Dinge für dich einpacken mußte. Hier, dies zum Beispiel…« Und was holte er aus dem Sack? Die Fibel!
»Und dies…« Das Rechenbuch!
»Und das…« »Und das…« Die Tafel, Floris Pudelmütze, den linken Handschuh, die Bastelschere, drei Bleistifte, eine Schachtel Malkreide – eins nach dem anderen holte der Nikolaus hervor. Nur keinen Mandellebkuchen, nicht einmal ein einziges Stück!
»Also dann bis zum nächsten Jahr, kleiner Flori«, meinte der Nikolaus freundlich. »Und wenn ich dann nicht soviel Trödelkram für dich mitbringen muß, hab ich auch sicher Platz für Lebkuchen.«
Und er stapfte wieder aus der Stube hinaus.
Da stand er, der Flori, und hatte nichts, überhaupt nichts vom Nikolaus bekommen! Eigentlich ist das eine traurige Geschichte.
Aber zum Glück geht sie gut aus. Weil nämlich der heilige Nikolaus ein guter Mann ist und weil sich der kleine Flori von diesem Tag an große Mühe gab und fast gar nichts mehr verschlampte, lag in der Woche vor Weihnachten auf einmal eine bunte Schachtel im Briefkasten. »An den kleinen Flori« stand darauf.
Könnt ihr euch denken, was in der Schachtel war? Mandellebkuchen natürlich, wie es sie nur beim Nikolaus gibt.

Irina Korschunow

Lieber guter Nikolas

Lieber, guter Nikolas, bring uns kleinen Kindern was! Die großen lasse laufen! Die können sich was kaufen.

Festessen

bei uns dahoam
haz am sonntag
zum mittagessen allawei
        dinx duberln gem
        aufdampfelte
        dinx duberln gem
        dinx duberln mit
        schneibizl soß
        schneibizl mit
        erdepfibeizn
        da hamma gschleckt
        da hamma gschleckt
        glabst

bei uns dahoam
haz am faschings glugitzltag
zum mittagessen allawei
        didl dupf deifi
        dinx duberln gem
        zamma dupfer dipfte
        schmor bruzl braune
        didl dupf deifi
        dinx duberln gem
        dinx duberln mit
        schneibizl soß
        schneibizl mit
        erdepfibeizn
        da hamma gschleckt
        da hamma gschleckt
        glabst

und erscht an weihnachtn
da haz bei uns dahoam
zum mittagessen allawei
>   biberl schnupfer dupfer
>   didl dupf deifi
>   dinx duberln gem
>   zamma dupfer dipfte
>   schmor bruzl braune
>   pfeifer deckl gschluzte
>   schlifl schlucker bipfte
>   biberl schnupfer dupfer
>   didl dupf deifi
>   dinx duberln gem
>   dinx duberln mit
>   schneibizl soß
>   schneibizl mit
>   erdepfibeizn
>   da hamma gschleckt
>   da hamma gschleckt
>   glabst

PS: Die eingruckten Zeilen muaßt allaweil schneidig landlerisch
aufsagn. Des is nämlich a Halbschnalzer.

Felix Hoerburger

Der Bratapfel

Text: Fritz Kögel
Melodie: Richard Rudolf Klein

Ihr Kinder, laufet schneller!
Holt euch einen Teller!
Holt eine Gabel!
Sperrt auf den Schnabel
für den Zipfel, den Zapfel,
den Kipfel, den Kapfel,
den goldbraunen Apfel.

Sie pusten und sie prusten,
sie gucken und sie schlucken,
schnalzen und schmecken,
lecken und schlecken
den Zipfel, den Zapfel,
den Kipfel, den Kapfel,
den knusprigen Apfel.

Das Feuer

Hörst du, wie die Flammen flüstern,
Knicken, knacken, krachen, knistern,
Wie das Feuer rauscht und saust,
Brodelt, brutzelt, brennt und braust?

Siehst du, wie die Flammen lecken,
Züngeln und die Zunge blecken,
Wie das Feuer tanzt und zuckt,
Trockne Hölzer schlingt und schluckt?

Riechst du, wie die Flammen rauchen,
Brenzlig, brutzlig, brandig schmauchen,
Wie das Feuer, rot und schwarz,
Duftet, schmeckt nach Pech und Harz?

Fühlst du, wie die Flammen schwärmen,
Glut aushauchen, wohlig wärmen,
Wie das Feuer, flackrig-wild,
Dich in warme Wellen hüllt?

Hörst du, wie es leiser knackt?
Siehst du, wie es matter flackt?
Riechst du, wie der Rauch verzieht?
Fühlst du, wie die Wärme flieht?

Kleiner wird der Feuersbraus:
Ein letztes Knistern,
Ein feines Flüstern,
Ein schwaches Züngeln,
Ein dünnes Ringeln –
Aus.

James Krüss

Unser Pfefferkuchenmann

Text: Hanna Hanisch
Melodie: Hans Poser

Mach ein großes Feuer an,
daß die Funken stieben.
Fertig ist der braune Mann,
Knöpfe hat er sieben.
Rullala rullala,
Knöpfe hat er sieben.

Ich und du und du und ich,
jeder will ihn haben.
Nikolaus, wir bitten dich:
Bring uns deine Gaben.
Rullala rullala,
bring uns deine Gaben.

Sant Niggi Näggi,
hinderem Ofe stäck i,
gimmer Nussen und Bire,
dänn chum i hinde füre.

Stern über Bethlehem

Wir bringen Frieden – Hewenu schalom alejchem

aus Israel

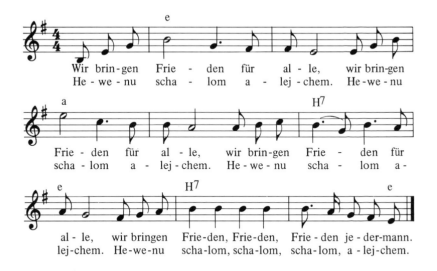

Wir brin-gen Frieden für al - le, wir brin-gen Frieden für al - le, wir bringen Frieden, Frie-den, Frie-den je-der-mann.
He - we - nu scha - lom a - lej - chem. He - we - nu scha - lom a - lej - chem. He - we - nu scha - lom a - lej-chem. He-we-nu scha-lom, scha-lom, scha-lom, a - lej-chem.

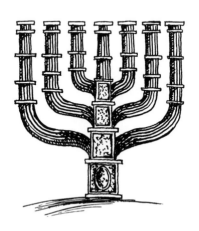

Kostas muß reisen

Es war am Tag vor Weihnachten. Der Tannenbaum im Wohnzimmer stand schon geschmückt auf seinem Eisenfuß, als Rocko seine Mutter fragte: »Mammi, darf ich hinübergehen und Kostas aus dem Hinterhaus zu mir zum Spielen holen?«
»Meinetwegen«, sagte die Mutter. »Aber macht keinen Krach, wenn ihr im Zimmer spielen wollt. Die Wände in unserem Neubau sind dünn. Die Nachbarn hören jedes Wort, das gesprochen wird.«
»Wir sind ganz ruhig«, versprach Rocko. Damit war er auch schon zur Tür hinaus.
Im Altbau im Hinterhaus, wo die ausländischen Mitbürger wohnten, herrschte überhaupt noch keine Weihnachtsstimmung. Im Gegenteil. Als Rocko in die kleine Wohnung eintrat, in der Kostas mit seinen Eltern hausen mußte, fand er die drei sehr betrübt vor. Im Flur standen gepackte Koffer. Die Leintücher waren von den Betten abgezogen. Über der Stuhllehne hing ein Männermantel.
»Fahrt ihr über Weihnachten in Urlaub?« fragte Rocko seinen Spielkameraden. »Davon weiß ich doch gar nichts!«
»Nein«, sagte Kostas traurig. »Wir müssen heim. Ich habe dir bisher nur noch nichts davon gesagt.«
»Nach Hause?«
»Ja, in unser Dorf in Griechenland.«
Rocko kam aus dem Staunen nicht heraus. »Aber das geht doch gar nicht!« rief er und schaute auf Kostas' Mutter Konstantina, die bleich im Türrahmen stand. Sie hatte einen unnatürlich dicken Bauch, und Rocko wußte genau wie Kostas, daß ein kleiner Bruder oder eine kleine Schwester in der Familie erwartet wurde.
»Aber was soll denn mit dem Baby werden, wenn es morgen oder übermorgen auf die Welt kommt?« fragt er ungläubig.
»Wir müssen trotzdem fort«, sagte Kostas. »Du weißt doch, daß Vater im Frühling mit seinem Auto einen Unfall baute und für sechs Monate den Führerschein entzogen bekam. Er mußte auch eine Strafe

zahlen. Deswegen haben ihn die Beamten vom Ausländeramt jetzt aus Deutschland ausgewiesen. Seine Aufenthaltserlaubnis ist abgelaufen und wird nicht mehr verlängert. Wir müssen bis morgen Deutschland verlassen haben und über die Grenze sein.«
»Aber ihr lebt doch schon seit fünf Jahren in Deutschland!« rief Rocko. »Das kann man doch nicht mit euch machen. Morgen ist der Heilige Abend!«
»Für die Behörde gibt es keinen Heiligen Abend«, sagte Kostas. »Der Ausweisungsbeschluß wurde am 24. November gefaßt. Diesem Beschluß müssen wir innerhalb eines Monats Folge leisten. Am 24. Dezember ist der Monat verstrichen. Das Weihnachtsfest ist dabei nicht ausschlaggebend.«
»Warum seid ihr nicht schon früher gefahren?« fragte Rocko.
»Wir hofften auf den Rechtsanwalt, der Vaters Sache vertritt. Er dachte, vielleicht ist die Ausweisung rückgängig zu machen.«
»Rechtsanwalt sagte mir: mußt noch bißchen warten!« warf Kostas' Vater ein. »Jetzt ist es zu spät. Sonst wir wären schon in Griechenland, wenn wir nicht hätten immer gehofft.«
»Habt ihr denn daheim noch eine Wohnung?«
»Nein«, sagte Kostas. »Vater hat alles verkauft. Wir wollten immer in Deutschland bleiben. Es ist schon so lange her, daß wir aus Griechenland fortzogen. Ich war damals noch ein kleiner Bub. Ich kann mich gar nicht mehr daran erinnern.«
»Wo wollt ihr denn wohnen?«
»Vielleicht bei unseren Verwandten auf dem Dorf. Aber die sind arm. Vielleicht geben sie uns zur Not einen Stall. Oder wir müssen in unserem Auto leben. Vater hat seinen Führerschein jetzt wiederbekommen. Und wenn man die Sitze herunterklappt, kann man gut darauf schlafen.«
»Und euer Baby?«
»Vielleicht wird es im Auto geboren«, sinnierte Mutter Konstantina. »Irgendwo auf der Landstraße.«
»Und wenn ihr einfach hierbleibt? Wenn ihr gar nicht abreist?«
»Es geht nicht«, sagte Kostas mit ernster Miene. »Wir müssen morgen über die Grenze. Sonst kommt Vater ins Gefängnis.«

Rocko überlegte. »Immer müssen die Befehle, die von oben kommen, befolgt werden«, sagte er. »So steht es schon in der Weihnachtsgeschichte, nämlich daß ein Befehl ausging damals, vom Kaiser Augustus.«
Als Rocko die Griechenfamilie endlich verließ, war er sehr nachdenklich. Was für ein armseliges Weihnachtsfest würde es für die drei werden: für den Vater, für Kostas und für seine Mutter Konstantina, die ein Baby erwartete.
»Warum hast du Kostas nicht mitgebracht?« fragte Rockos Mutter.
Der Junge berichtete ihr alles.
»Das ist ja schrecklich«, sagte die Mutter. »Kann man denn gar nichts dagegen machen?«
»Jetzt ist es zu spät«, sagte Rocko. »Selbst der Rechtsanwalt hat nichts mehr für sie tun können.«
Auch für Rocko wurde es in diesem Jahr kein besonders fröhliches Weihnachtsfest. Ständig mußte er an seinen Freund Kostas denken, der Weihnachten mit seinen Eltern auf der Wanderschaft war.

Bruno Horst Bull

Ich steh an deiner Krippe hier

Text: Paul Gerhardt
Melodie: Johann Sebastian Bach

„Ich steh an deiner Krippe hier, o Jesu, du mein Leben;
ich komme, bring und schenke dir, was du mir hast gegeben.
Nimm hin, es ist mein Geist und Sinn, Herz, Seel und Mut, nimm alles hin und laß dirs wohlgefallen.

Ich sehe dich mit Freuden an
und kann mich nicht satt sehen;
und weil ich nun nichts weiter kann,
bleib ich anbetend stehen.
O daß mein Sinn ein Abgrund wär
und meine Seel ein weites Meer,
daß ich dich möchte fassen."

Maria durch ein' Dornwald ging

16. Jahrhundert

Was trug Maria unter ihrem Herzen?
Kyrie eleison.
Ein kleines Kindlein ohne Schmerzen,
das trug Maria unter ihrem Herzen.
Jesus und Maria.

Da haben die Dornen Rosen getragen,
Kyrie eleison,
als das Kindlein durch den Wald getragen,
da haben die Dornen Rosen getragen.
Jesus und Maria.

Es ist ein Ros entsprungen

Es ist ein Ros ent - sprun - gen
als uns die Al - ten sun - gen:
aus ei - ner Wur - zel zart,
von Jes - se kam die Art
und hat ein Blüm - lein bracht
mit - ten im kal - ten Win - ter
wohl zu der hal - ben Nacht.

Das Röslein, das ich meine,
davon Jesaias sagt,
hat uns gebracht alleine
Marie, die reine Magd.
Aus Gottes ewgem Rat
hat sie ein Kind geboren,
welches uns selig macht.

Das Blümelein so kleine,
das duftet uns so süß;
mit seinem hellen Scheine
vertreibts die Finsternis:
wahr' Mensch und wahrer Gott,
hilft uns aus allem Leide,
rettet von Sünd und Tod.

Das Wunder

Die Schwierigkeit, die man im Verkehr mit Don Crescenzo hat, besteht darin, daß er stocktaub ist. Er hört nicht das geringste und ist zu stolz, den Leuten von den Lippen zu lesen. Trotzdem kann man ein Gespräch mit ihm nicht einfach damit anfangen, daß man etwas auf einen Zettel schreibt. Man muß so tun, als gehöre er noch zu einem, als sei er noch ein Teil unserer lauten, geschwätzigen Welt.
Als ich Don Crescenzo fragte, wie das an Weihnachten gewesen sei, saß er auf einem der Korbstühlchen am Eingang seines Hotels. Es war sechs Uhr, und der Strom der Mittagskarawanen hatte sich verlaufen. Es war ganz still, und ich setzte mich auf das andere Korbstühlchen, gerade unter das Barometer mit dem Werbebild der Schiffahrtslinie, einem weißen Schiff im blauen Meer. Ich wiederholte meine Frage, und Don Crescenzo hob die Hände gegen seine Ohren und schüttelte bedauernd den Kopf. Dann zog er ein Blöckchen und einen Bleistift aus der Tasche, und ich schrieb das Wort Natale und sah ihn erwartungsvoll an.
Ich werde jetzt gleich anfangen, meine Weihnachtsgeschichte zu erzählen, die eigentlich Don Crescenzos Geschichte ist. Aber vorher muß ich noch etwas über diesen Don Crescenzo sagen. Meine Leser müssen wissen, wie arm er einmal war und wie reich er jetzt ist, ein Herr über hundert Angestellte, ein Besitzer von großen Wein- und Zitronengärten und von sieben Häusern. Sie müssen sich sein Gesicht vorstellen, das mit jedem Jahr der Taubheit sanfter wirkt, so als würden Gesichter nur von der beständigen Rede und Gegenrede geformt und bestimmt. Sie müssen ihn vor sich sehen, wie er unter den Gästen seines Hotels umhergeht, aufmerksam und traurig und schrecklich allein. Und dann müssen sie auch erfahren, daß er sehr gern aus seinem Leben erzählt und daß er dabei nicht schreit, sondern mit leiser Stimme spricht.

Oft habe ich ihm zugehört, und natürlich war mir auch die Weihnachtsgeschichte schon bekannt. Ich wußte, daß sie mit der Nacht anfing, in der der Berg kam, ja, so hatten sie geschrien: der Berg kommt, und sie hatten das Kind aus dem Bett gerissen und den schmalen Felsenweg entlang. Er war damals sieben Jahre alt, und wenn Don Crescenzo davon berichtete, hob er die Hände an die Ohren, um zu verstehen zu geben, daß dieser Nacht gewiß die Schuld an seinem jetzigen Leiden zuzuschreiben sei.

Ich war sieben Jahre alt und hatte das Fieber, sagte Don Crescenzo und hob die Hände gegen die Ohren, auch dieses Mal. Wir waren alle im Nachthemd, und das war es auch, was uns geblieben war, nachdem der Berg unser Haus ins Meer gerissen hatte, das Hemd auf dem Leibe, sonst nichts. Wir wurden von Verwandten aufgenommen, und andere Verwandte haben uns später das Grundstück gegeben, dasselbe, auf dem jetzt das Albergo steht. Meine Eltern haben dort, noch bevor der Winter kam, ein Haus gebaut. Mein Vater hat die Maurerarbeiten gemacht, und meine Mutter hat ihm die Ziegel in Säcken den Abhang hinuntergeschleppt. Sie war klein und schwach, und wenn sie glaubte, daß niemand in der Nähe sei, setzte sie sich einen Augenblick auf die Treppe und seufzte, und die Tränen liefen ihr über das Gesicht. Gegen Ende des Jahres war das Haus fertig, und wir schliefen auf dem Fußboden, in Decken gewickelt, und froren sehr.

Und dann kam Weihnachten, sagte ich und deutete auf das Wort »Natale«, das auf dem obersten Zettel stand.

Ja, sagte Don Crescenzo, dann kam Weihnachten, und an diesem Tage war mir so traurig zumute, wie in meinem ganzen Leben nicht. Mein Vater war Arzt, aber einer von denen, die keine Rechnungen schreiben. Er ging hin und behandelte die Leute, und wenn sie fragten, was sie schuldig seien, sagte er, zuerst müßten sie die Arzneien kaufen und dann das Fleisch für die Suppe, und dann wolle er ihnen sagen, wieviel. Aber er sagte es nie. Er kannte die Leute hier sehr gut und wußte, daß sie kein Geld hatten. Er brachte es einfach nicht fertig, sie zu drängen, auch damals nicht, als wir alles verloren hatten und die letzten Ersparnisse durch den Hausbau aufgezehrt waren. Er versuchte es einmal, kurz vor Weihnachten, an dem Tage, an dem wir unser

letztes Holz im Herd verbrannten. An diesem Abend brachte meine Mutter einen Stoß weißer Zettel nach Hause und legte sie vor meinen Vater hin, und dann nannte sie ihm eine Reihe von Namen, und mein Vater schrieb die Namen auf die Zettel und jedesmal ein paar Zahlen dazu. Aber als er damit fertig war, stand er auf, und warf die Zettel in das Herdfeuer, das gerade am Ausgehen war. Das Feuer flackerte sehr schön, und ich freute mich darüber, aber meine Mutter fuhr zusammen und sah meinen Vater traurig und zornig an.
So kam es, daß wir am vierundzwanzigsten Dezember kein Holz mehr hatten, kein Essen und keine Kleider, die anständig genug gewesen wären, damit in die Kirche zu gehen. Ich glaube nicht, daß meine Eltern sich darüber viel Gedanken machten. Erwachsene, denen so etwas geschieht, sind gewiß der Überzeugung, daß es ihnen schon einmal wieder besser gehen wird, und daß sie dann essen und trinken und Gott loben können, wie sie es so oft getan haben im Laufe der Zeit. Aber für ein Kind ist das etwas ganz anderes. Ein Kind sitzt da und wartet auf das Wunder, und wenn das Wunder nicht kommt, ist alles aus und vorbei...
Bei diesen Worten beugte sich Don Crescenzo vor und sah auf die Straße hinaus, so als ob dort etwas seine Aufmerksamkeit in Anspruch nähme. Aber in Wirklichkeit versuchte er nur, seine Tränen zu verbergen. Er versuchte, mich nicht merken zu lassen, wie das Gift der Enttäuschung noch heute alle Zellen seines Körpers durchdrang.
Unser Weihnachtsfest, fuhr er nach einer Weile fort, ist gewiß ganz anders als die Weihnachten bei Ihnen zu Hause. Es ist ein sehr lautes, sehr fröhliches Fest. Das Jesuskind wird im Glasschrein in der Prozession getragen, und die Blechmusik spielt. Viele Stunden lang werden Böllerschüsse abgefeuert, und der Hall dieser Schüsse wird von den Felsen zurückgeworfen, so daß es sich anhört wie eine gewaltige Schlacht. Raketen steigen in die Luft, entfalten sich zu gigantischen Palmenbäumen und sinken in einem Regen von Sternen zurück ins Tal. Die Kinder johlen und lärmen, und das Meer mit seinen schwarzen Winterwellen rauscht so laut, als ob es vor Freude schluchze und singe. Das ist unser Christfest, und der ganze Tag vergeht mit Vorbereitungen dazu. Die Knaben richten ihre kleinen Feuerwerkskör-

per, und die Mädchen binden Kränze und putzen die versilberten Fische, die sie der Madonna umhängen. In allen Häusern wird gebraten und gebacken und süßer Sirup gerührt.
So war es auch bei uns gewesen, solange ich denken konnte. Aber in der Christnacht, die auf den Bergsturz folgte, war es in unserem Hause furchtbar still. Es brannte kein Feuer, und darum blieb ich so lange wie möglich draußen, weil es dort immer noch ein wenig wärmer war als drinnen. Ich saß auf den Stufen und sah zur Straße hinauf, wo die Leute vorübergingen und wo die Wagen mit ihren schwachen Öllämpchen auftauchten und wieder verschwanden. Es war eine Menge Leute unterwegs, Bauern, die mit ihren Familien in die Kirche fuhren, und andere, die noch etwas zu verkaufen hatten, Eier und lebendige Hühner und Wein. Als ich da saß, konnte ich das Gegacker der Hühner hören und das lustige Schwatzen der Kinder, die einander erzählten, was sie alles erleben würden heute nacht. Ich sah jedem Wagen nach, bis er in dem dunklen Loch des Tunnels verschwand, und dann wandte ich den Kopf wieder und schaute nach einem neuen Fuhrwerk aus; als es auf der Straße stiller wurde, dachte ich, das Fest müsse begonnen haben, und ich würde nun etwas vernehmen von dem Knattern der Raketen und den Schreien der Begeisterung und des Glücks. Aber ich hörte nichts als die Geräusche des Meeres, das gegen die Felsen klatschte, und die Stimme meiner Mutter, die betete und mich aufforderte, einzustimmen in die Litanei. Ich tat es schließlich, aber ganz mechanisch und mit verstocktem Gemüt. Ich war sehr hungrig und wollte mein Essen haben, Fleisch und Süßes und Wein. Aber vorher wollte ich mein Fest haben, mein schönes Fest...
Und dann auf einmal veränderte sich alles auf eine unfaßbare Art. Die Schritte auf der Straße gingen nicht mehr vorüber, und die Fahrzeuge hielten an. Im Schein der Lampen sahen wir einen prallen Sack, der in unseren Garten geworfen, und hochgepackte Körbe, die an den Rand der Straße gestellt wurden. Eine Ladung Holz und Reisig rutschte die Stufen herunter, und als ich mich vorsichtig die Treppe hinauftastete, fand ich auf dem niederen Mäuerchen, auf Tellern und Schüsseln, Eier, Hühner und Fisch. Es dauerte eine ganze Weile, bis die geheimnisvollen Geräusche zum Schweigen kamen und wir nachsehen konn-

ten, wie reich wir mit einem Male waren. Da ging meine Mutter in die Küche und machte Feuer an, und ich stand draußen und sog inbrünstig den Duft in mich ein, der bei der Verbindung von heißem Öl, Zwiebeln, gehacktem Hühnerfleisch und Rosmarin entsteht.

Ich wußte in diesem Augenblick nicht, was meine Eltern schon ahnen mochten, nämlich, daß die Patienten meines Vaters, diese alten Schuldner, sich abgesprochen hatten, ihm Freude zu machen auf diese Art. Für mich fiel alles vom Himmel, die Eier und das Fleisch, das Licht der Kerzen, das Herdfeuer und der schöne Kittel, den ich mir aus einem Packen Kleider hervorwühlte und so schnell wie möglich überzog. Lauf, sagte meine Mutter, und ich lief die Straße hinunter und durch den langen, finsteren Tunnel, an dessen Ende es schon glühte und funkelte von buntem Licht. Als ich in die Stadt kam, sah ich schon von weitem den roten und goldenen Baldachin, unter dem der Bischof die steile Treppe hinaufgetragen wurde. Ich hörte die Trommeln und die Pauken und das Evvivageschrei und brüllte aus Leibeskräften mit. Und dann fingen die großen Glocken in ihrem offenen Turm an zu schwingen und zu dröhnen.

Don Crescenzo schwieg und lächelte freudig vor sich hin. Gewiß hörte er jetzt wieder, mit einem inneren Gehör, alle diese heftigen und wilden Geräusche, die für ihn so lange zum Schweigen gekommen waren und die ihm in seiner Einsamkeit noch viel mehr als jedem anderen Menschen bedeuteten: Menschenliebe, Gottesliebe, Wiedergeburt des Lebens aus dem Dunkel der Nacht.

Ich sah ihn an, und dann nahm ich das Blöckchen zur Hand. Sie sollten schreiben, Don Crescenzo. Ihre Erinnerungen. – Ja, sagte Don Crescenzo, das sollte ich. Einen Augenblick lang richtete er sich hoch auf, und man konnte ihm ansehen, daß er die Geschichte seines Lebens nicht geringer einschätzte als das, was im Alten Testament stand oder in der Odyssee. Aber dann schüttelte er den Kopf. Zuviel zu tun, sagte er.

Und auf einmal wußte ich, was er mit all seinen Umbauten und Neubauten, mit der Bar und den Garagen und dem Aufzug hinunter zum Badeplatz im Sinn hatte. Er wollte seine Kinder schützen vor dem Hunger, den traurigen Weihnachtsabenden und den Erinnerungen an eine Mutter, die Säcke voll Steine schleppt und sich hinsetzt und weint.

Marie Luise Kaschnitz

Da tut es sich eröffnen,
Das himmlische Tor,
Da kugeln die Engel
Ganz haufenweis hervor.

Des Knaben Wunderhorn

Kaschubisches Weihnachtslied

Wärst du, Kindchen, im Kaschubenlande,
Wärst du, Kindchen, doch bei uns geboren!
Sieh, du hättest nicht auf Heu gelegen,
Wärst auf Daunen weich gebettet worden.

Nimmer wärst du in den Stall gekommen,
Dicht am Ofen stünde warm dein Bettchen,
Der Herr Pfarrer käme selbst gelaufen,
Dich und deine Mutter zu verehren.

Kindchen, wie wir dich gekleidet hätten!
Müßtest eine Schaffellmütze tragen,
Blauen Mantel von kaschubischem Tuche,
Pelzgefüttert und mit Bänderschleifen.

Hätten dir den eignen Gurt gegeben,
Rote Schuhchen für die kleinen Füße,
Fest und blank mit Nägelchen beschlagen!
Kindchen, wie wir dich gekleidet hätten!

Kindchen, wie wir dich gefüttert hätten!
Früh am Morgen weißes Brot mit Honig,
Frische Butter, wunderweiches Schmorfleisch,
Mittags Gerstengrütze, gelbe Tunke,

Gänsefleisch und Kuttelfleck mit Ingwer,
Fette Wurst und goldnen Eierkuchen,
Krug um Krug das starke Bier aus Putzig!
Kindchen, wie wir dich gefüttert hätten!

Und wie wir das Herz dir schenken wollten!
Sieh, wir wären alle fromm geworden,
Alle Knie würden sich dir beugen,
Alle Füße Himmelswege gehen.

Niemals würde eine Scheune brennen,
Sonntags nie ein trunkner Schädel bluten, –
Wärst du, Kindchen, im Kaschubenlande,
Wärst du, Kindchen, doch bei uns geboren!

Werner Bergengruen

du fröhliche, o du selige

aus Sizilien

O du fröhliche, o du selige,
gnadenbringende Weihnachtszeit!
Christ ist erschienen,
uns zu versühnen:
Freue, freue dich, o Christenheit!

O du fröhliche, o du selige,
gnadenbringende Weihnachtszeit!
Himmlische Heere
jauchzen dir Ehre:
Freue, freue dich, o Christenheit!

Stille Nacht, heilige Nacht

Stille Nacht, heilige Nacht!
Hirten erst kundgemacht;
durch der Engel Halleluja
tönt es laut von fern und nah:
Christ, der Retter, ist da.

Stille Nacht, heilige Nacht!
Gottes Sohn, o wie lacht
Lieb aus deinem göttlichen Mund,
da uns schlägt die rettende Stund,
Christ, in deiner Geburt.

Vom Himmel hoch, da komm ich her Martin Luther

Euch ist ein Kindlein heut geborn,
von einer Jungfrau auserkorn,
ein Kindelein so zart und fein,
das soll euer Freud und Wonne sein.

Es ist der Herr Christ, unser Gott,
der will euch führn aus aller Not;
er will euer Heiland selber sein,
von allen Sünden machen rein.

Des laßt uns alle fröhlich sein
und mit den Hirten gehn hinein,
zu sehn, was Gott uns hat beschert,
mit seinem lieben Sohn verehrt.

Es kommt ein Schiff, geladen Andernacher Gesangbuch (1608)

Das Schiff geht still im Triebe,
es trägt ein teure Last;
das Segel ist die Liebe,
der Heilig Geist der Mast.

Der Anker haft' auf Erden
und das Schiff ist am Land.
Gotts Wort tut uns Fleisch werden,
der Sohn ist uns gesandt.

Zu Bethlehem geboren
im Stall ein Kindelein,
gibt sich für uns verloren;
gelobet muß es sein.

Die Leihgabe

Am meisten hat Vater sich jedesmal zu Weihnachten Mühe gegeben. Da fiel es uns allerdings auch besonders schwer, darüber wegzukommen, daß wir arbeitslos waren. Andere Feiertage, die beging man oder man beging sie nicht; aber auf Weihnachten lebte man zu, und war es erst da, dann hielt man es fest; und die Schaufenster, die brachten es ja oft noch nicht mal im Januar fertig, sich von ihren Schokoladenweihnachtsmännern zu trennen.
Mir hatten es vor allem immer die Zwerge und Kasperles angetan. War Vater dabei, sah ich weg; aber das fiel meist mehr auf, als wenn man hingesehen hätte; und so fing ich dann allmählich doch wieder an, in die Läden zu gucken.
Vater war auch nicht gerade unempfindlich gegen die Schaufensterauslagen, er konnte sich nur besser beherrschen. Weihnachten, sagte er, wäre das Fest der Freude; das Entscheidende wäre jetzt nämlich: nicht traurig zu sein; auch dann nicht, wenn man kein Geld hätte.
»Die meisten Leute«, sagte Vater, »sind bloß am ersten und zweiten Feiertag fröhlich und vielleicht nachher zu Sylvester noch mal. Das genügt aber nicht; man muß mindestens schon einen Monat vorher mit Fröhlichsein anfangen. Zu Sylvester«, sagte Vater, »da kannst du dann getrost wieder traurig sein; denn es ist nie schön, wenn ein Jahr einfach so weggeht. Nur jetzt, so vor Weihnachten, da ist es unangebracht, traurig zu sein.«
Vater selber gab sich auch immer große Mühe, nicht traurig zu sein um diese Zeit; doch er hatte es aus irgendeinem Grund da schwerer als ich; wahrscheinlich deshalb, weil er keinen Vater mehr hatte, der ihm dasselbe sagen konnte, was er mir immer sagte.
Es wäre bestimmt auch alles leichter gewesen, hätte Vater noch seine Stelle gehabt. Er hätte jetzt sogar wieder als Hilfspräparator gearbeitet; aber sie brauchten keine Hilfspräparatoren im Augenblick. Der Direktor hatte gesagt, aufhalten im Museum könnte Vater sich gern, aber mit Arbeit müßte er warten, bis bessere Zeiten kämen.

»Und wann, meinen Sie, ist das?« hatte Vater gefragt. »Ich möchte Ihnen nicht wehtun«, hatte der Direktor gesagt.
Frieda hatte mehr Glück gehabt; sie war in einer Großdestille am Alexanderplatz als Küchenhilfe eingestellt worden und war dort auch gleich in Logis. Uns war es ganz angenehm, nicht dauernd mit ihr zusammenzusein; sie war jetzt, wo wir uns nur mittags und abends mal sahen, viel netter.
Aber im Grunde lebten auch wir nicht schlecht. Denn Frieda versorgte uns reichlich mit Essen, und war es zu Hause zu kalt, dann gingen wir ins Museum rüber; und wenn wir uns alles angesehen hatten, lehnten wir uns unter dem Dinosauriergerippe an die Heizung, sahen aus dem Fenster oder fingen mit dem Museumswärter ein Gespräch über Kaninchenzucht an.
An sich war das Jahr also durchaus dazu angetan, in Ruhe und Beschaulichkeit zu Ende gebracht zu werden. Wenn Vater sich nur nicht solche Sorge um einen Weihnachtsbaum gemacht hätte.
Es kam ganz plötzlich.
Wir hatten eben Frieda aus der Destille abgeholt und sie nach Hause gebracht und uns hingelegt, da klappte Vater den Band ›Brehms Tierleben‹ zu, in dem er abends immer noch las, und fragte zu mir rüber: »Schläfst du schon?«
»Nein«, sagte ich, denn es war zu kalt zum Schlafen.
»Mir fällt eben ein«, sagte Vater, »wir brauchen ja einen Weihnachtsbaum.« Er machte eine Pause und wartete meine Antwort ab.
»Findest du?« sagte ich.
»Ja«, sagte Vater, »und zwar so einen richtigen, schönen; nicht so einen murkligen, der schon umkippt, wenn man bloß mal eine Walnuß dranhängt.«
Bei dem Wort Walnuß richtete ich mich auf. Ob man nicht vielleicht auch ein paar Lebkuchen kriegen könnte zum Dranhängen?
Vater räusperte sich. »Gott –«, sagte er, »warum nicht; mal mit Frieda reden.«
»Vielleicht«, sagte ich, »kennt Frieda auch gleich jemand, der uns einen Baum schenkt.«
Vater bezweifelte das. Außerdem: so einen Baum, wie er ihn sich vor-

stellte, den verschenkte niemand, der wäre ein Reichtum, ein Schatz wäre der.

Ob er vielleicht eine Mark wert wäre, fragte ich.

»Eine Mark –?!« Vater blies verächtlich die Luft durch die Nase: »mindestens zwei.«

»Und wo gibt's ihn?«

»Siehst du«, sagte Vater, »das überleg ich auch gerade.«

»Aber wir können ihn doch gar nicht kaufen«, sagte ich; »zwei Mark: wo willst du die denn jetzt hernehmen?«

Vater hob die Petroleumlampe auf und sah sich im Zimmer um. Ich wußte, er überlegte, ob sich vielleicht noch was ins Leihhaus bringen ließe; es war aber schon alles drin, sogar das Grammophon, bei dem ich so geheult hatte, als der Kerl hinter dem Gitter mit ihm weggeschlurft war.

Vater stellte die Lampe wieder zurück und räusperte sich. »Schlaf mal erst; ich werde mir den Fall durch den Kopf gehen lassen.«

In der nächsten Zeit drückten wir uns bloß immer an den Weihnachtsbaumverkaufsständen herum. Baum auf Baum bekam Beine und lief weg; aber wir hatten noch immer keinen.

»Ob man nicht doch –?« fragte ich am fünften Tag, als wir gerade wieder im Museum unter dem Dinosauriergerippe an der Heizung lehnten.

»Ob man was?« fragte Vater scharf.

»Ich meine, ob man nicht doch versuchen sollte, einen gewöhnlichen Baum zu kriegen?«

»Bist du verrückt?!« Vater war empört. »Vielleicht so einen Kohlstrunk, bei dem man nachher nicht weiß, soll es ein Handfeger oder eine Zahnbürste sein? Kommt gar nicht in Frage.«

Doch was half es; Weihnachten kam näher und näher. Anfangs waren die Christbaumwälder in den Straßen noch aufgefüllt worden; aber allmählich lichteten sie sich, und eines Nachmittags waren wir Zeuge, wie der fetteste Christbaumverkäufer vom Alex, der Kraftriemen-Jimmy, sein letztes Bäumchen, ein wahres Streichholz von einem Baum, für drei Mark fünfzig verkaufte, aufs Geld spuckte, sich aufs Rad schwang und wegfuhr.

Nun fingen wir doch an, traurig zu werden. Nicht schlimm; aber immerhin, es genügte, daß Frieda die Brauen noch mehr zusammenzog, als sie es sonst schon zu tun pflegte, und daß sie uns fragte, was wir denn hätten.

Wir hatten uns zwar daran gewöhnt, unseren Kummer für uns zu behalten, doch diesmal machten wir eine Ausnahme, und Vater erzählte es ihr.

Frieda hörte aufmerksam zu. »Das ist alles?«

Wir nickten.

»Ihr seid aber komisch«, sagte Frieda: »wieso geht ihr denn nicht einfach in den Grunewald einen klauen?«

Ich habe Vater schon häufig empört gesehen, aber so empört wie an diesem Abend noch nie.

Er war kreidebleich geworden. »Ist das dein Ernst?« fragte er heiser.

Frieda war sehr erstaunt. »Logisch«, sagte sie; »das machen doch alle.«

»Alle –!« echote Vater dumpf, »alle –!« Er erhob sich steif und nahm mich bei der Hand. »Du gestattest wohl«, sagte er darauf zu Frieda, »daß ich erst den Jungen nach Hause bringe, ehe ich dir hierauf die gebührende Antwort erteile.«

Er hat sie ihr niemals erteilt. Frieda war vernünftig; sie tat so, als ginge sie auf Vaters Zimperlichkeit ein, und am nächsten Tag entschuldigte sie sich.

Doch was nützte das alles; einen Baum, gar einen Staatsbaum, wie Vater ihn sich vorstellte, hatten wir deshalb noch lange nicht.
Aber dann - es war der dreiundzwanzigste Dezember, und wir hatten eben wieder unseren Stammplatz unter dem Dinosauriergerippe bezogen - hatte Vater die große Erleuchtung.
»Haben Sie einen Spaten?« fragte er den Museumswärter, der neben uns auf seinem Klappstuhl eingenickt war.
»Was?!« rief der und fuhr auf, »was habe ich?!«
»Einen Spaten, Mann«, sagte Vater ungeduldig; »ob Sie einen Spaten haben.«
Ja, den hätte er schon.
Ich sah unsicher an Vater empor. Er sah jedoch leidlich normal aus; nur sein Blick schien mir eine Spur unsteter zu sein als sonst.
»Gut«, sagte er jetzt; »wir kommen heute mit zu Ihnen nach Hause, und Sie borgen ihn uns.«
Was er vorhatte, erfuhr ich erst in der Nacht.
»Los«, sagte Vater und schüttelte mich, »steh auf.«
Ich kroch schlaftrunken über das Bettgitter. »Was ist denn bloß los?«
»Paß auf«, sagte Vater und blieb vor mir stehen: »Einen Baum stehlen, das ist gemein; aber sich einen borgen, das geht.«
»Borgen -?« fragte ich blinzelnd.
»Ja«, sagte Vater. »Wir gehen jetzt in den Friedrichshain und graben

eine Blautanne aus. Zu Hause stellen wir sie in die Wanne mit Wasser, feiern morgen dann Weihnachten mit ihr, und nachher pflanzen wir sie wieder am selben Platz ein. Na –?« Er sah mich durchdringend an.
»Eine wunderbare Idee«, sagte ich.
Summend und pfeifend gingen wir los; Vater den Spaten auf dem Rücken, ich einen Sack unter dem Arm. Hin und wieder hörte Vater auf zu pfeifen, und wir sangen zweistimmig ›Morgen, Kinder, wird's was geben‹ und ›Vom Himmel hoch, da komm ich her‹. Wie immer bei solchen Liedern, hatte Vater Tränen in den Augen, und auch mir war schon ganz feierlich zumut.
Dann tauchte vor uns der Friedrichshain auf, und wir schwiegen.
Die Blautanne, auf die Vater es abgesehen hatte, stand inmitten eines strohgedeckten Rosenrondells. Sie war gut anderthalb Meter hoch und ein Muster an ebenmäßigem Wuchs.
Da der Boden nur dicht unter der Oberfläche gefroren war, dauerte es auch gar nicht lange, und Vater hatte die Wurzeln freigelegt. Behutsam kippten wir den Baum darauf um, schoben ihn mit den Wurzeln in den Sack, Vater hing seine Joppe über das Ende, das raussah, wir schippten das Loch zu, Stroh wurde darüber gestreut, Vater lud sich den Baum auf die Schulter, und wir gingen nach Hause.
Hier füllten wir die große Zinkwanne mit Wasser und stellten den Baum rein.
Als ich am nächsten Morgen aufwachte, waren Vater und Frieda schon dabei, ihn zu schmücken. Er war jetzt mit Hilfe einer Schnur an der Decke befestigt, und Frieda hatte aus Stanniolpapier allerlei Sterne geschnitten, die sie an seinen Zweigen aufhängte; sie sahen sehr hübsch aus. Auch einige Lebkuchenmänner sah ich hängen.
Ich wollte den beiden den Spaß nicht verderben; daher tat ich so, als schliefe ich noch. Dabei überlegte ich mir, wie ich mich für ihre Nettigkeit revanchieren könnte.
Schließlich fiel es mir ein: Vater hatte sich einen Weihnachtsbaum geborgt, warum sollte ich es nicht fertigbringen, mir über die Feiertage unser verpfändetes Grammophon auszuleihen? Ich tat also, als wachte ich eben erst auf, bejubelte vorschriftsmäßig den Baum, und dann zog ich mich an und ging los.

Der Pfandleiher war ein furchtbarer Mensch; schon als wir zum ersten Mal bei ihm gewesen waren, und Vater ihm seinen Mantel gegeben hatte, hätte ich dem Kerl sonst was zufügen mögen; aber jetzt mußte man freundlich zu ihm sein.

Ich gab mir auch große Mühe. Ich erzählte ihm was von zwei Großmüttern und »gerade zu Weihnachten« und »letzte Freude auf alte Tage« und so, und plötzlich holte der Pfandleiher aus und haute mir eine herunter und sagte ganz ruhig: »Wie oft du sonst schwindelst, ist mir egal; aber zu Weihnachten wird die Wahrheit gesagt, verstanden?«

Darauf schlurfte er in den Nebenraum und brachte das Grammophon an.

»Aber wehe, ihr macht was an ihm kaputt! Und nur für drei Tage! Und auch bloß, weil du's bist!«

Ich machte einen Diener, daß ich mir fast die Stirn an die Kniescheibe stieß, dann nahm ich den Kasten unter den einen, den Trichter unter den anderen Arm und rannte nach Hause.

Ich versteckte beides erst mal in der Waschküche. Frieda allerdings mußte ich einweihen, denn die hatte die Platten; aber Frieda hielt dicht.

Mittags hatte uns Friedas Chef, der Destillenwirt, eingeladen. Es gab eine tadellose Nudelsuppe, anschließend Kartoffelbrei mit Gänseklein. Wir aßen, daß wir uns kaum noch erkannten; darauf gingen wir, um Kohlen zu sparen, noch ein bißchen ins Museum zum Dinosauriergerippe; und am Nachmittag kam Frieda und holte uns ab.

Zu Hause wurde geheizt. Dann packte Frieda eine Riesenschüssel voll übriggebliebenem Gänseklein, drei Flaschen Rotwein und einen Quadratmeter Bienenstich aus, Vater legte für mich seinen Band ›Brehms Tierleben‹ auf den Tisch, und im nächsten unbewachten Augenblick lief ich in die Waschküche runter, holte das Grammophon rauf und sagte Vater, er sollte sich umdrehen.

Er gehorchte auch; Frieda legte die Platten raus und steckte die Lichter an, und ich machte den Trichter fest und zog das Grammophon auf.

»Kann ich mich umdrehen?« fragte Vater, der es nicht mehr aushielt, als Frieda das Licht ausgeknipst hatte.

»Moment«, sagte ich; »dieser verdammte Trichter – denkst du, ich krieg das Ding fest?« Frieda hüstelte. »Was denn für ein Trichter?« fragte Vater.

Aber da ging es schon los. Es war ›Ihr Kinderlein, kommet‹; es knarrte zwar etwas, und die Platte hatte wohl auch einen Sprung, aber das machte nichts. Frieda und ich sangen mit, und da drehte Vater sich um. Er schluckte erst und zupfte sich an der Nase, aber dann räusperte er sich und sang auch mit.

Als die Platte zu Ende war, schüttelten wir uns die Hände, und ich erzählte Vater, wie ich das mit dem Grammophon gemacht hätte.

Er war begeistert. »Na –?« sagte er nur immer wieder zu Frieda und nickte dabei zu mir herüber: »na –?«

Es wurde ein sehr schöner Weihnachtsabend. Erst sangen und spielten wir die Platten durch; dann spielten wir sie noch mal ohne Gesang; dann sang Frieda noch mal alle Platten allein; dann sang sie mit Vater noch mal, und dann aßen wir und tranken den Wein aus, und darauf machten wir noch ein bißchen Musik; und dann brachten wir Frieda nach Hause und legten uns auch hin.

Am nächsten Morgen blieb der Baum noch aufgeputzt stehen. Ich durfte liegenbleiben, und Vater machte den ganzen Tag Grammophonmusik und pfiff Zweite Stimme dazu.

Dann, in der folgenden Nacht, nahmen wir den Baum aus der Wanne, steckten ihn, noch mit den Stanniolpapiersternen geschmückt, in den Sack und brachten ihn zurück in den Friedrichshain.

Hier pflanzten wir ihn wieder in sein Rosenrondell. Darauf traten wir die Erde fest und gingen nach Hause. Am Morgen brachte ich dann auch das Grammophon weg.

Den Baum haben wir noch häufig besucht; er ist wieder angewachsen. Die Stanniolpapiersterne hingen noch eine ganze Weile in seinen Zweigen, einige sogar bis in den Frühling.

Vor ein paar Monaten habe ich mir den Baum wieder mal angesehen. Er ist jetzt gute zwei Stock hoch und hat den Umfang eines mittleren Fabrikschornsteins. Es mutet merkwürdig an sich vorzustellen, daß wir ihn mal zu Gast in unserer Wohnküche hatten.

Wolfdietrich Schnurre

Auf dem Berge da geht der Wind aus Oberschlesien

Lieb Nachtigall, wach auf!

aus Franken
Bamberger Gesangbuch (1670)

Flieg her zum Krippelein!
Flieg her, geliebtes Schwesterlein,
blas an dem feinen Psalterlein,
sing, Nachtigall, gar fein.
Dem Kindelein musiziere,
koloriere, jubiliere,
sing, sing, sing
dem süßen Jesulein!

Als ich bei meinen Schafen wacht

Stern über Bethlehem Text/Melodie: Alfred Hans Zoller

Stern über Bethlehem, bleibst du stehn
und läßt uns alle das Wunder hier sehn,
das da geschehen, was niemand gedacht,
Stern über Bethlehem, in dieser Nacht.

Stern über Bethlehem, wir sind am Ziel,
denn dieser arme Stall birgt doch so viel!
Du hast uns hergeführt, wir danken dir,
Stern über Bethlehem, wir bleiben hier!

Stern über Bethlehem, kehrn wir zurück,
steht noch dein heller Schein in unserem Blick,
und was uns froh gemacht, teilen wir aus,
Stern über Bethlehem, schein auch zu Haus.

Als ich bei meinen Schafen wacht   Kirchenlied um 1625 (Köln)

Er sagt, es soll geboren sein
zu Bethlehem ein Kindelein.
Des bin ich froh…

Er sagt, das Kind läg da im Stall
und soll die Welt erlösen all.
Des bin ich froh…

Als ich das Kind im Stall gesehn,
nicht wohl konnt ich von dannen gehn.
Des bin ich froh…

Als ich heimging, das Kind wollt mit,
es wollt von meiner Seite nit.
Des bin ich froh…

Was soll das bedeuten aus Schlesien

1. Hirte: Treibt zusammen, treibt zusammen die Schäflein fürbaß.
2. Hirte: Treibt zusammen, treibt zusammen, dort zeig ich euch was.
1. Hirte: Dort in dem Stall,
2. Hirte: dort in dem Stall,
1. u. 2. Hirte: werdet Wunderding sehen, treibt zusammen einmal.

1. Hirte: Ich hab nur ein wenig von weitem geguckt,
da hat mir mein Herz schon vor Freuden gehupft:
Ein schönes Kind, ein schönes Kind
liegt dort in der Krippe bei Esel und Rind.

2. Hirte: So gehet und nehmet ein Lämmlein vom Gras
und bringet dem schönen Christkindlein etwas.
Geht nur fein sacht! Geht nur fein sacht,
auf daß ihr dem Kindlein kein Unruh nicht macht!

Kommet, ihr Hirten! aus Böhmen

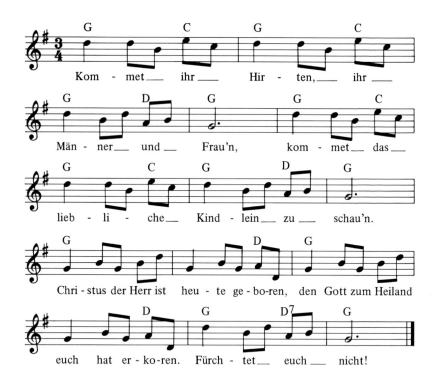

Lasset uns sehen in Bethlehems Stall,
was uns verheißen der himmlische Schall.
Was wir dort finden, lasset uns künden,
lasset uns preisen in frommen Weisen:
Halleluja.

Wahrlich, die Engel verkündigen heut
Bethlehems Hirtenvolk gar große Freud.
Nun soll es werden Friede auf Erden,
den Menschen allen ein Wohlgefallen: Ehre sei Gott.

Inmitten der Nacht   aus Franken (18. Jahrhundert)

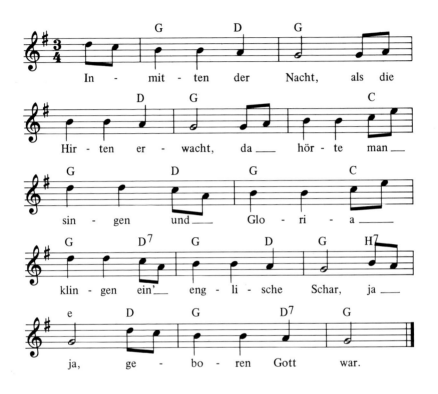

Die Hirten im Feld
verließen ihr Zelt,
sie gingen mit Eilen,
ja ohne Verweilen
dem Krippelein zu, ja zu,
der Hirt und der Bu.

Sie fanden geschwind
das göttliche Kind,
es herzlich zu grüßen,
es herzlich zu küssen
sie waren bedacht, bedacht
dieselbige Nacht.

Die Hirtenstrophe

Wir gingen nachts gen Bethlehem
und suchten über Feld
den schiefen Stall aus Stroh und Lehm,
von Hunden fern umbellt.

Und drängten auf die morsche Schwell
und sahen an das Kind.
Der Schnee trieb durch die Luke hell
und draußen Eis und Wind.

Ein Ochs nur blies die Krippe warm,
der nah der Mutter stand.
Wie war ihr Kleid, ihr Kopftuch arm,
wie mager ihre Hand.

Ein Esel hielt sein Maul ins Heu,
fraß Dorn und Distel sacht.
Er rupfte weich die Krippenstreu,
o bitterkalte Nacht.

Wir hatten nichts als unsern Stock,
kein Schaf, kein eigen Land,
geflickt und fasrig war der Rock,
nachts keine warme Wand.

Wir standen scheu und stummen Munds:
Die Hirten, Kind, sind hier.
Und beteten und wünschten uns
Gerät und Pflug und Stier.

Und standen lang und schluckten Zorn,
weil uns das Kind nicht sah.
Griff nicht das Kind dem Ochs ans Horn
und lag dem Esel nah?

Es brannte ab der Span aus Kien.
Das Kind schrie und schlief ein.
Wir rührten uns, feldein zu ziehn.
Wie waren wir allein!

Peter Huchel

Weihnacht

Christkind ist da,
sangen die Engel im Kreise
über der Krippe
immerzu.

Der Esel sagte leise
I a
und der Ochse sein Muh.

Der Herr der Welten
ließ alles gelten.
Es dürfen auch nahen
ich und du.

Josef Guggenmos

O laufet ihr Hirten

aus Schlesien

Mein Nachbar, lauf hurtig,
brings Wieglein daher!
Wills Kindlein drein legen,
es frieret so sehr.
Ei, eia popei,
liebs Kindlein, schlaf ein,
im Kripplein, zarts Jesulein,
ei eia popei!

Bruder, ich geh auch mit dir

Wenn ich geh zum Stall hinein,
grüß ich gleich das Kindelein
und pfeif eins dazu.

Ei, wie friert das göttlich Kind,
gehet ein und aus der Wind;
wie wär ich so froh,

wenn ich nur mein Häuserl hätt,
das dort unten im Dorfe steht,
und mein Staderl auch!

Nehmt die Mutter mit dem Kind,
in das Häuserl führts geschwind!
Wie wär ich so froh!

Milch und Mehl das hab ich schon,
daß ich e Müserl kochen kann,
wenn das Kinderl schreit.

B'hüt dich Gott, liebs Kindelein,
morgen kehr ich wieder ein,
will dir bringen all's,

was dir wird vonnöten sein:
Milch und Mehl und Butterschmalz,
und e bissel Salz.

Joseph, lieber Joseph mein

Maria: Jo - seph, lie - ber Jo - seph mein,
hilf mir wiegen mein Kin - de - lein,
Gott, der wird dein Loh - ner sein im
Him - mel - reich, der Jung - frau Kind Ma - ri - a.

Josef: Gerne, liebe Maria mein,
helf ich dir wiegen dein Kindelein,
daß Gott müsse mein Lohner sein
im Himmelreich, der Jungfrau Kind Maria.

Komm, wir gehn nach Bethlehem!

aus Tirol

2. Fritz, du spielst den Dudelsack! Didl, dudl...
3. Hansel, blas die Flöte du! Didl, dudl...
4. Und du Jörgl, streich die Geige! Fidl, fidl... fidl fum fei!
5. Max, du läßt den Baß erklingen! Dummel, dommel... dei!
6. ...*

* Hier kannst du selbst weitere Verse erfinden!

Eine Wintergeschichte

Es war einmal ein Mann. Er besaß ein Haus, einen Ochsen, eine Kuh, einen Esel und eine Schafherde.
Der Junge, der die Schafe hütete, besaß einen kleinen Hund, einen Rock aus Wolle, einen Hirtenstab und eine Hirtenlampe.
Auf der Erde lag Schnee. Es war kalt, und der Junge fror. Auch der Rock aus Wolle schützte ihn nicht.
»Kann ich mich in deinem Haus wärmen?«
bat der Junge den Mann.
»Ich kann die Wärme nicht teilen. Das Holz ist teuer«, sagte der Mann und ließ den Jungen in der Kälte stehen.
Da sah der Junge einen großen Stern am Himmel.
›Was ist das für ein Stern?‹ dachte er.
Er nahm seinen Hirtenstab, seine Hirtenlampe und machte sich auf den Weg.
»Ohne den Jungen bleibe ich nicht hier«, sagte der kleine Hund und folgte seinen Spuren.
»Ohne den Hund bleiben wir nicht hier«, sagten die Schafe und folgten seinen Spuren.
»Ohne die Schafe bleibe ich nicht hier«, sagte der Esel und folgte ihren Spuren.
»Ohne den Esel bleibe ich nicht hier«, sagte die Kuh und folgte seinen Spuren.

»Ohne die Kuh bleibe ich nicht hier«, sagte der Ochse und folgte ihren Spuren.
›Es ist auf einmal so still‹, dachte der Mann, der hinter seinem Ofen saß. Er rief nach dem Jungen, aber er bekam keine Antwort. Er ging in den Stall, aber der Stall war leer. Er schaute in den Hof hinaus, aber die Schafe waren nicht mehr da.
»Der Junge ist geflohen und hat alle meine Tiere gestohlen«, schrie der Mann, als er im Schnee die vielen Spuren entdeckte.
Doch kaum hatte der Mann die Verfolgung aufgenommen, fing es an zu schneien. Es schneite dicke Flocken. Sie deckten die Spuren zu. Dann erhob sich ein Sturm, kroch dem Mann unter die Kleider und biß ihn in die Haut. Bald wußte er nicht mehr, wohin er sich wenden sollte. Der Mann versank immer tiefer im Schnee.
»Ich kann nicht mehr!« stöhnte er und rief um Hilfe.
Da legte sich der Sturm. Es hörte auf zu schneien, und der Mann sah einen großen Stern am Himmel.
›Was ist das für ein Stern?‹ dachte er.
Der Stern stand über einem Stall, mitten auf dem Feld. Durch ein kleines Fenster drang das Licht einer Hirtenlampe.
Der Mann ging darauf zu. Als er die Tür öffnete, fand er alle, die er gesucht hatte, die Schafe, den Esel, die Kuh, den Ochsen, den kleinen Hund und den Jungen.
Sie waren um eine Krippe versammelt. In der Krippe lag ein Kind. Es lächelte ihm entgegen, als ob es ihn erwartet hätte.
»Ich bin gerettet«, sagte der Mann und kniete neben dem Jungen vor der Krippe nieder.
Am anderen Morgen kehrten der Mann, der Junge, die Schafe, der Esel, die Kuh, der Ochse und auch der kleine Hund wieder nach Hause zurück. Auf der Erde lag Schnee. Es war kalt.
»Komm ins Haus«, sagte der Mann zu dem Jungen, »ich habe Holz genug. Wir wollen die Wärme teilen.«

Max Bolliger

Still, still, still, weils Kindlein schlafen will   aus Salzburg

Schlaf, schlaf, schlaf, mein liebes Kindlein schlaf!
Die Engel tun schön musizieren,
vor dem Kindlein jubilieren.
Schlaf, schlaf, schlaf, mein liebes Kindlein schlaf!

Groß, groß, groß, die Lieb ist übergroß.
Gott hat den Himmelsthron verlassen
und muß reisen auf der Straßen.
Groß, groß, groß, die Lieb ist übergroß.

Susani Aus dem Salzkammergut

Vom Himmel hoch, o Englein kommt.
Eia, eia, Susani, Susani, Susani!
Kommt ohne Instrumenten nit,
bringt Lauten, Harfen, Geigen mit.
Halleluja, Halleluja.
Von Jesu singt und Maria.

Der Hirte

Auf dem Berge Nebo lebte einst ein alter Hirte. Er weidete seine Schafe und blies dazu auf seiner Hirtenflöte.
Auf dem Berg gab es kein anderes Haus als seine alte Hütte, zu der führte ein schmaler Pfad. Der Hirte war einsam und arm.
Eines Nachts, als er unter den Palmen eingeschlafen war, hatte er einen Traum: Ein großer, heller Stern zog am Himmel herauf. Einen solchen hatte er noch nie gesehen. Und ein Engel kam, der sprach: »Fürchte dich nicht, ich verkünde dir große Freude. Heute nacht ist das Christuskind geboren. Wach auf und folge dem Stern!«
Der Hirte wachte auf. Da stand der große, helle Stern über ihm. Eilig weckte er seine Schafe, nahm Stab und Flöte und folgte dem Stern. Er zog ihm nach über Berge und Täler, und die Schafe gingen hinterdrein.
Sie kamen in eine schöne Stadt. Da dachte der Hirte: ›Hier werde ich das Christuskind finden.‹
Aber der Stern führte ihn weiter.
Sie kamen an ein prächtiges Schloß. Wieder dachte der Hirte: ›Hier werde ich das Christuskind finden.‹

Aber der Stern führte ihn weiter.
Sie kamen an ein einsames Feld. Da stand eine alte Hütte, zu der führte ein schmaler Pfad. Der Hirte wollte umkehren, er glaubte, er hätte sich verirrt.
Aber der Stern neigte sich und blieb über der Hütte stehen.
Erstaunt trat der Alte näher. Da lag das Kind auf Heu und Stroh in einer Futterkrippe. Maria und Joseph waren eingeschlafen. Das Kind aber schaute den Hirten an, und er erschrak.
»Du bist das Christuskind«, sagte er, »und du bist so arm! In einer Hütte bist du geboren, du hast keine Wiege, in einer Krippe mußt du liegen auf Heu und Stroh.«
Und er zog seinen Mantel aus und deckte das Kindlein damit zu.
Da lächelte das Christuskind, und der alte Hirte vergaß alle Armut.
Er sagte: »Ich weiß nun, der Himmel und die Erde sind dein.«
Und seine Freude wurde übergroß.

Helga Aichinger

Ich bin ein kleiner König

Ich bin ein kleiner König

Bajuschki baju

aus Rußland

Die heil'gen drei Könige

Die heil'gen drei Kön'ge aus Morgenland,
sie frugen in jedem Städtchen:
»Wo geht der Weg nach Bethlehem,
ihr lieben Buben und Mädchen?«

Die Jungen und Alten, sie wußten es nicht,
die Könige zogen weiter,
sie folgten einem goldenen Stern,
der leuchtete lieblich und heiter.

Der Stern bleibt stehn über Josephs Haus,
da sind sie hineingegangen;
das Öchslein brüllte, das Kindlein schrie,
die heil'gen drei Könige sangen.

Heinrich Heine

Die Krone des Mohrenkönigs

Damals, in jenen Tagen und Nächten, als die Dreikönige aus dem Morgenland unterwegs waren, um nach dem Jesusknaben zu suchen und ihm mit Myrrhen, Weihrauch und Gold ihre Huldigung darzubringen, sind sie, so ist uns als Kindern erzählt worden, auch in die Gegend gekommen, wo ich in früheren Jahren zu Hause gewesen bin: also ins Böhmische, über die schlesische Grenze herein, durch die großen, verschneiten Wälder. Das mag man, vergegenwärtigt man sich die Landkarte, einigermaßen befremdlich, ja abwegig finden; indessen bleibt zu erinnern, daß die Dreikönige, wie geschrieben steht, nicht der Landkarte und dem Kompaß gefolgt sind auf ihrer Reise, sondern dem Stern von Bethlehem, und dem wird man es schwerlich verübeln können, wenn er sie seine eigenen Wege geführt hat.

Jedenfalls kamen sie eines frostklaren Wintermorgens über die Hänge des Buchbergs gewandert und waren da: nur sie drei allein, wie man uns berichtet hat, ohne Troß und Dienerschaft, ohne Reitpferde und Kamele (die hatten sie wohl zurücklassen müssen, der Kälte wegen, und weil sie im tiefen Schnee kaum weitergekommen wären, die armen Tiere). Sie selbst aber, die Dreikönige aus dem Morgenland, seien ganz und gar unköniglich gewandet gewesen; in dicken, wattierten Kutschermänteln kamen sie angestapft, Pelzmützen auf dem Kopf, und jeder mit einem Reisebündel versehen, worin er nebst einiger Wäsche zum Wechseln und den Geschenken, die für den Jesusknaben bestimmt waren, seine goldene Krone mitführte: weil man ja, wenn man von weitem schon an der Krone als König kenntlich ist, bei den Leuten bloß Neugier erregt und Aufsehen, und das war nicht gerade nach ihrem Geschmack.

»Kalt ist es!« sagte der Mohrenkönig und rieb sich mit beiden Händen die Ohren. »Die Sterne am Himmel sind längst verblaßt – wir sollten uns, finde ich, für den Tag eine Bleibe suchen.»

»Recht hast du, Bruder Balthasar«, pflichtete König Kaspar ihm bei, sich die Eiszapfen aus dem weißen Bart schüttelnd. »Seht ihr das Dorf dort? Versuchen wir's gleich an der ersten Haustür, und klopfen wir an!«

König Melchior als der jüngste und kräftigste watete seinen Gefährten voran durch den knietiefen Schnee auf das Haus zu, das ihnen am nächsten war.

Dieses Haus aber, wie es der Zufall wollte, gehörte dem Birnbaum-Plischke; und Birnbaum-Plischke, das darf nicht verschwiegen werden, stand bei den Leuten im Dorf nicht gerade im besten Ruf, weil er habgierig war und ein großer Geizkragen – und aufs Geld aus, herrje, daß er seine eigene Großmutter, wenn sie noch lebte, für ein paar Kreuzer an die Zigeuner verkauft hätte, wie man so sagt. Nun klopfte es also an seiner Haustür, und draußen standen die Könige aus dem Morgenland, aber in Kutschermänteln, mit Pelzmützen auf dem Kopf, und baten den Birnbaum-Plischke um Herberge bis zum Abend.

Zuerst hat der Plischke sie kurzerhand wegschicken wollen, weil nämlich: mit Bettelleuten mochte er nichts zu tun haben, knurrte er. Aber da hat ihm der König Melchior einen Silbertaler unter die Nase gehalten, um ihm zu zeigen, daß sie die Herberge nicht umsonst begehrten – und Plischke den Taler sehen, die Augen aufreißen und die Haustür dazu: das war alles eins.

»Belieben die Herren nur einzutreten!« hat er gesagt und dabei nach dem Taler gegrapscht, und dann hat er gekatzbuckelt, daß er sich bald das Kreuz verrenkt hätte. »Wenn die Herren so gut sind und möchten mit meiner bescheidenen Stube vorliebnehmen, soll's ihnen an nichts fehlen!« Seit er den Taler bekommen hatte, war Birnbaum-Plischke wie ausgewechselt. Vielleicht, hat er sich gesagt, sind die Fremden reisende Kaufherren – oder verkleidete polnische Edelleute, die mitsamt ihrem Leibmohren unerkannt über die Grenze wollten; jedenfalls sind sie was Besserers, weil sie Geld haben, und zwar viel, wie es scheint: denn wer zahlt schon für ein paar Stunden am warmen Ofen mit einem vollen Taler? Da kann, wenn du Glück hast, Plischke, und es den Herren recht machst, leicht noch ein zweiter herausspringen. Solches bedenkend, führt Birnbaum-Plischke die Könige in die gute Stube und hilft ihnen aus den Mänteln; dann ruft er sein Weib, die Rosina, herzu und sagt ihr, sie soll eine Biersuppe für die Herren kochen, aber geschwind, geschwind, und daß sie ihm ja nicht an Zukker und Zimt spart, die Nelken auch nicht vergißt und zum Schluß ein paar Löffel Branntwein darantut!

Die Plischken erkennt ihren Alten kaum wieder. Was ist denn in den gefahren? Er aber scheucht sie zur Tür hinaus, in die Küche, und poltert, daß sie sich sputen soll, denn die Herren sind hungrig und durchgefroren und brauchen was Heißes zum Aufwärmen, und da ist eine Biersuppe akkurat richtig für sie, die wird ihnen guttun. Er selbst eilt hernach in den Holzschuppen, schleppt einen Korb voll Buchenscheitern herbei, und dann schürt er im Kachelofen ein mächtiges Feuer an, daß es nur so prasselt.

Den Königen ist es nicht entgangen, wie gründlich sich Birnbaum-Plischkes Verhalten geändert hat, und es ist ihnen nicht ganz wohl dabei, denn sie können den Blick nicht vergessen, mit dem er sich auf den Taler gestürzt hat.

»Kann sein«, sagt der König Melchior, während Plischke noch einmal

um Holz hinausläuft, »kann sein, daß es besser ist, wenn wir ein Häusel weitergehen: Der Mann da gefällt mir nicht.«
König Kaspar ist einer Meinung mit ihm. Doch der Mohrenkönig erwidert: »Bedenkt, liebe Brüder, daß wir in Gottes Hand stehen! Wenn es sein Wille ist, daß wir das Kindlein finden, um dessentwillen wir seinem Stern hinterdreinwandern Nacht für Nacht: dann wird er auch dafür sorgen, daß uns unterwegs kein Leid geschieht – weder hier, unterm Dach dieses Menschen, der voller Geldgier und Falsch ist, noch anderswo.« Das sehen die Könige Kaspar und Melchior ein, und sie schämen sich ihres Kleinmuts und sagen zum König Balthasar: »Recht hast du, Bruder Mohrenkönig! Wir wollen uns Gott befehlen und bis zum Abend hierbleiben, wo wir nun einmal sind.«
Bald danach tischte Plischkens Rosina ihnen die Biersuppe auf, und das heiße Gebräu, das nach Zimt und nach Nelken duftete, und ein wenig nach Branntwein obendrein, tat den Königen wohl, auf die kalte Nacht hin; so wohl, daß der Mohrenkönig die alte Plischken um das Rezept bat und es sich aufschrieb und ihr dafür einen Taler verehrte, obgleich, wie er meinte, ein solches Rezept nicht mit Geld zu bezahlen sei.
Was aber eine richtige Biersuppe ist, noch dazu, wenn die Köchin nicht mit dem Branntwein gespart hat: die macht, wie man weiß, nicht nur warm, die macht auch schläfrig. Den Königen aus dem Morgenland kam das gerade recht, sie hätten sich ohnehin ein paar Stunden aufs Ohr gelegt, wie sie das allerorten zu tun pflegten, wo sie Tagrast hielten.
Sie waren dabei, was ihr Lager anging, nicht wählerisch. Schon wollten sie auf dem hölzernen Fußboden ihre Mäntel ausbreiten, um sich daraufzulegen, in Hemd und Hosen, das Reisebündel unter dem Kopf und die Jacke, so weit sie reichte, als Zudecke über den Leib – da kommt Birnbaum-Plischke hinzu, schlägt die Hände über dem Kopf zusammen und sagt, daß er das nicht zuläßt, daß sich die Herren Reisenden auf den Fußboden legen. Das könnten sie ihm nicht antun, da müßt' er sich ja sein Lebtag in Grund und Boden schämen: kurzum, er besteht darauf, daß die drei ihm hinauffolgen in die Schlafkammer, wo die Rosina inzwischen schon alles frisch bezogen hat, und daß sie

in ihren eigenen, Plischkens, Betten schlafen, denn anders macht er's auf keinen Fall, und das dürften sie ihm nicht abschlagen. Damit eilt er auch schon hinaus und zieht die Tür hinter sich zu.

Die Könige Kaspar und Melchior haben sich staunend angeblickt und den Kopf geschüttelt; aber der Mohrenkönig, der Balthasar, hat ganz einfach sein Reisebündel neben die Tür geworfen und angefangen, sich auszuziehen.

»Wie lang ist es her«, rief er lachend, »daß wir in keinen richtigen Betten geschlafen haben? Kommt, worauf wartet ihr, da ist Platz genug für uns!« Die Könige Kaspar und Melchior mußten ihm recht geben, und nachdem sie den Birnbaum-Plischke noch einmal herbeigerufen und ihm den Auftrag gegeben hatten, er möge sie gegen Abend wekken, sie müßten bei Einbruch der Dunkelheit weiterziehen, legten auch sie ihre Bündel und Kleider ab; und es zeigte sich nun, daß der Mohrenkönig sich nicht verschätzt hatte: Plischkens Ehebett war so breit und geräumig, daß sie zu dritt darin unterkamen, ohne sich gegenseitig im Weg zu sein. Das frische Leinen duftete nach dem Quendelkraut, das die Rosina als gute Hausfrau in ihrer Wäschetruhe nicht missen mochte, das Lager war weich und warm, und die Biersuppe tat ein übriges nach der langen Nacht: den Königen aus dem Morgenland fielen die Augen zu, und es dauerte kaum ein paar Atemzüge, da schliefen sie tief und fest, und der Mohrenkönig fing voller Inbrunst zu schnarchen an, als gelte es, einen ganzen Palmenhain kurz und klein zu sägen.

So schliefen sie also und schliefen und merkten nicht, wie sich Birnbaum-Plischke auf leisen Sohlen hereinschlich und sich an ihren Bündeln zu schaffen machte, atemlos und mit flinken Fingern. Denn Plischke ist nicht von gestern; er ahnt, daß die fremden Herren in seiner Kammer von reicher Herkunft sind, und nun will er es ganz genau wissen, was es mit ihren Bündeln auf sich hat. Er durchwühlt sie – und findet die Königskronen!

Da ist es um ihn geschehen. Ohne sich lang zu besinnen, nimmt er die größte und kostbarste der drei goldenen Kronen an sich (daß es die Krone des Mohrenkönigs ist, kann er natürlich nicht wissen, woher denn auch), und nachdem er die Bündel wieder verschnürt hat, eilt er mit seiner Beute hinab in den Ziegenstall, wo er sie unters Stroh schiebt und einen leeren Melkeimer drüberstülpt. Hoffentlich, denkt er, merken die Fremden nichts davon, wenn sie aufwachen und sich anziehen – hoffentlich...

Aber die Könige aus dem Morgenland schöpfen keinen Verdacht, wie Plischke sie wecken kommt. Außerdem sind sie in Eile, sie essen nur rasch noch ein paar Löffel Hafergrütze, dann ziehen sie ihre Mäntel an, schlagen die Krägen hoch, geben Plischkens zum Abschied zwei Taler, bedanken sich für das gute Quartier und das Essen und ziehen ahnungslos ihres Weges.

Die Sterne funkeln über den Wäldern, der Schnee knirscht bei jedem Schritt, und Birnbaum-Plischke steht unter der Tür seines Hauses und blickt den Dreikönigen nach, bis sie endlich zum Dorf hinaus und verschwunden sind.

Nun hält es ihn nicht mehr länger, er rennt in den Ziegenstall, stößt den Melkeimer mit dem Fuß weg und zieht unterm Stroh die goldene, mit Juwelen besetzte Krone hervor. Er läuft damit in die Küche, wo die Rosina gerade dabei ist, die Teller und Löffel zu spülen; und wie sie die Krone in seinen Pratzen funkeln und blitzen sieht, da erschrickt sie und wendet sich von ihm ab. »Plischke!« ruft sie. »Was soll das, um Himmels willen, was hast du da?«

Plischke erklärt ihr des langen und breiten, woher er die Krone hat; und er will sie, so sagt er ihr, einem Goldschmied verkaufen, drüben in Bunzlau oder herüben in Reichenberg – je nachdem, wo ihm mehr geboten wird. Sie aber, die Rosina, will das nicht hören, sie fällt ihm ins Wort und beginnt zu keifen. »Plischke!« zetert sie. »Bist du um allen Verstand gekommen? Die Fremden werden dich an den Galgen bringen, wenn sie herauskriegen, was du getan hast!«

»Nu, nu«, beschwichtigt sie Plischke, »die haben ja keinen Beweis gegen mich, die können die Krone ja sonstwo verloren haben – da mach dir nur keine Sorgen, Alte, das hab ich mir alles genau zurechtgelegt.«

Und dann sticht ihn der Hafer, da nimmt er die Krone des Mohrenkönigs in beide Hände und setzt sie sich auf den Schädel, zum Spaß nur, aus schierem Übermut – und, o Wunder, sie paßt ihm wie angegossen, als sei sie für ihn geschmiedet. »Sieh her!« ruft er der Rosina zu und tanzt damit in der Küche herum. »Wie gefall' ich dir mit dem Ding?« Die Plischken, kaum daß sie ihn flüchtig betrachtet hat, fängt zu lachen an. »Aber nein doch!« prustet sie. »Laß den Unsinn, Alter, und wasch dir den Ruß vom Gesicht, du siehst ja zum Fürchten aus!«

»Welchen Ruß denn?« fragt Birnbaum-Plischke und schaut in den Spiegel neben dem Küchenschrank; und da sieht er, daß seine Stirn und die Wangen schwarz sind, die Nase, das Kinn und die Ohren ebenso – schwarz, wie mit Schuhwichse vollgeschmiert. »Sonderbar«, meint er, »das muß von der Lampe kommen oder vom Ofenschüren... Schaff Wasser her, Alte, und Seife, damit ich das wieder runterbringe!«

Dann setzt er die Krone ab, zieht das Hemd aus und wäscht sich; er schrubbt das Gesicht mit der Wurzelbürste und heißem Wasser, mit Soda und Seifenlauge. Es ist wie verhext mit der schwarzen Farbe, sie läßt sich nicht wegrumpeln, auch mit Waschsand nicht, eher scheuert er sich die Haut durch.

Da dämmert es Plischken, daß er zu einem Mohren geworden ist; und die Rosina merkt auch, daß die Farbe echt ist und nie mehr abgehen wird.

»Ogottogott!« schluchzt sie. »Was werden die Leute bloß sagen, wenn du mit deiner schwarzen Visage ins Dorf kommst! Die werden sich schief und krumm lachen, wenn sie dich sehen! Und glaub mir, die Kinder werden dir nachlaufen, wo du auftauchst, und schreien: ›Der

Mohr kommt, der Mohrenplischke!« Und alles nur, weil du die Krone gestohlen hast!«

»Was denn?« meint Plischke betroffen. »Was soll denn die Krone damit zu tun haben, daß ich schwarz bin?«

»Da fragst du noch?« fährt die Alte ihn an. »Ich sage dir: Weil du die Krone gestohlen hast, bist du zur Strafe ein Mohr geworden – das ist doch so klar wie nur irgendwas auf der Welt! Und ein Mohr wirst du bleiben in alle Ewigkeit, wenn du sie nicht zurückgibst!«

»Die Krone?« ruft Plischke. »Die Krone soll ich zurückgeben? Überleg dir mal, was du da redest, Alte!«

»Da gibt's nichts zu überlegen«, sagt die Rosina, »begreif das doch! Zieh dir die Stiefel an, Plischke, und lauf was du kannst, damit du die Herren einholst und die Geschichte ins reine bringst!«

Plischke, nach einigem Wenn und Aber, sieht ein, daß ihm keine Wahl bleibt: die Alte hat recht. Also her mit den Stiefeln, den Mantel an und die Mütze auf! Und die Krone!

»Wir schlagen sie in ein Tuch ein«, sagt die Rosina. Das tut sie auch, und dann schiebt sie den Birnbaum-Plischke zur Tür hinaus in die Kälte. »Lauf zu!« ruft sie hinter ihm drein. »Lauf zu und verlier die Spur nicht!«

Der Mond scheint, es ist eine helle Nacht, und die Spur, die die Könige hinterlassen haben, ist leicht zu finden; sie führt über Berg und Tal, durch die Wälder und über Blößen, immer geradeaus, wie mit dem Lineal gezogen. Plischke, was-hast-du-was-kannst-du, folgt ihr, so schnell ihn die Füße tragen – und endlich, schon tief im Böhmischen ist es, die Sterne am Himmel verblassen bereits, und hinter den Bergen zeigt sich der Morgen an: endlich erblickt er die drei vor sich, einen Hügel emporsteigend. »Heda!« schreit er und »Hallo!« und »Wartet doch, wartet doch! Ich bin's, ich hab was für euch!«

Da bleiben die Könige stehen und wenden sich nach ihm um, und der Birnbaum-Plischke nimmt seine letzte Kraft zusammen und rennt auf sie zu mit den Worten: »Ihr habt was vergessen bei uns in der Schlafkammer – das da... Ich hab es gefunden und bin euch nachgerannt: hier!« Damit schlägt er das Tuch auseinander und hält ihnen die gestohlene Krone hin. »Die gehört euch doch – oder?«

Der Mohrenkönig erkennt sie sogleich, und er freut sich darüber, daß Plischke sie ihm gebracht hat. »Hab Dank, guter Mann«, sagt er. »Weit hast du laufen müssen, um sie mir nachzutragen; Gott lohn es dir!« Birnbaum-Plischke blickt überrascht in das freundliche schwarze Gesicht des Fremden; und plötzlich, er kennt sich kaum wieder, kommt er sich fürchterlich schäbig vor. Etwas würgt ihn im Halse, das muß er loswerden, sonst erstickt er dran.

»Herr«, bringt er mühsam hervor, »sag nie wieder »guter Mann« zu mir! Du mußt wissen, daß ich ein Dieb bin – und daß ich die Krone gestohlen habe.«

»Gestohlen?« staunte der Mohrenkönig. »Und wiedergebracht?«

»Weil mir's leid tut«, stammelte Plischke, »und weil es nicht recht war. Verzeiht mir, ihr werten Herren, ich bitte euch sehr darum!«

Die Dreikönige aus dem Morgenland blickten sich an, und es schien, daß sie einer Meinung waren.

»Wenn es dir leid tut«, sagte der Mohrenkönig, »dann sei dir verziehen, Alter, und alles hat seine Ordnung. – Aber was hast du denn?«

»Ach«, druckste Plischke herum, denn mit einemmal war es ihm wieder eingefallen, »es ist bloß... Ich möchte sagen... Mir ist da ein dummes Ding passiert. – Werd ich auch wieder ein weißes Gesicht haben, wenn ich zurückkomme in mein Dorf?«

»Dein Gesicht wird so weiß sein wie eh und je«, versprach ihm der Mohrenkönig. »Doch scheint es mir auf die Farbe, die eines Menschen Gesicht hat, nicht anzukommen. Laß sie von mir aus schwarz oder gelb oder rot sein wie Kupfer – Hauptsache, daß du kein schwarzes Herz hast! Die Leute freilich, die sehen das nicht. Aber einer sieht es, der alles sieht: das bedenke!«

Dann wandten die Könige sich zum Gehen, und Plischke allein zurücklassend (mochte er zusehen, wie er mit sich ins reine kam), zogen sie ihres Weges.

Otfried Preußler

Es kommen sechs Propheten

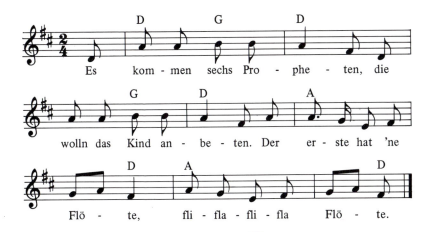

Der zweite hat ne Geige,
gi ga gi ga Geige.

Der dritte hat ne Trompete
tri tra tra Trompete.

Der vierte hat ne Klingel,
kling klang kling klang Klingel.

Der fünfte hat ne Trommel
trom trom trom trom Trommel.

Der sechste aus den Noten singt:
Schlaf nur ein, mein liebes Kind!

Da kommen die drei König

Da kommen die drei König mit ihrem Stern.
Sie krachen die Nüsse und essen den Kern.
Sie werfen die Schalen zum Fenster 'naus,
da kommen die Hühnlein und picken sie auf.
Kartis, kartaus, kartis, kartaus,
mein Liedchen, mein Liedchen, das ist jetzt aus.

Neujahrsnacht

Diese Nacht ist ein Fluß.
Mein Bett ist ein Kahn.
Vom alten Jahr stoße ich ab.
Am neuen lege ich an.
Morgen spring ich an Land.
Dies Land, was ist's für ein Ort?
Es ist keiner, der's weiß.
Keiner war vor mir dort.

Josef Guggenmos

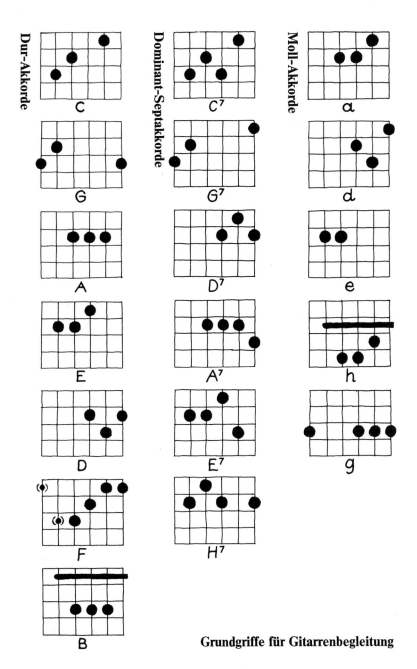

Grundgriffe für Gitarrenbegleitung

Quellenverzeichnis

Für die Erlaubnis zum Abdruck folgender Beiträge danken wir den Autoren und Verlagen:

Helga Aichinger, **Der Hirte**, S. 104, © bei der Autorin
Werner Bergengruen, **Kaschubisches Weihnachtslied**, S. 70, aus: »Figur und Schatten. Gedichte«, © 1958 Verlags AG Die Arche, Zürich
Wolf Biermann, **Das Märchen vom kleinen Herrn Moritz, der eine Glatze kriegte**, S. 16, © Verlag Kiepenheuer & Witsch, Köln. **Spielzeug**, S. 43, aus: »Nachlaß 1«, © 1977 Verlag Kiepenheuer & Witsch, Köln
Max Bolliger, **Eine Wintergeschichte**, S. 100, © 1976 Artemis Verlag, Zürich-München
Elisabeth Borchers (Text), **Die Raben**, S. 24, Melodie Dorothée Kreusch-Jacob, © bei den Autoren
Bruno Horst Bull, **Kostas muß reisen** (gekürzt), S. 57, © beim Autor
Karlhans Frank, **Der Clown hätt' im Dezember gerne**, S. 23, aus: »Himmel und Erde mit Blutwurst«, © 1981 Fischer Taschenbuch Verlag GmbH, Frankfurt am Main
Günter Bruno Fuchs, **Der Himmel ist ein alter Schneemann**, S. 9, © Jutta Fuchs, Berlin
Josef Guggenmos, **Schnee im Dorf**, S. 11, aus: »Wenn Riesen niesen«, Carl Ueberreuter Verlag, Wien, © beim Autor. **Weihnacht**, S. 95, aus: »Mutzebutz«, Georg Bitter Verlag, Recklinghausen, © beim Autor. **Neujahrsnacht**, S. 121, aus: »Was denkt die Maus am Donnerstag?«, Georg Bitter Verlag, Recklinghausen
Peter Hacks, **Der Winter**, S. 20, aus: »Flohmarkt«, © 1965 Der Kinderbuchverlag, Berlin DDR

Hanna Hanisch (Text), **Unser Pfefferkuchenmann**, S. 52, Melodie Hans Poser, aus: »Kommt alle zum Stalle«, © Deutscher Theaterverlag, Weinheim
Felix Hoerburger, **Festessen**, S. 49, aus: »Schnubigl-Baierisches Poeticum«, © Friedl Brehm Verlag, München
Peter Huchel, **Die Hirtenstrophe**, S. 94, aus: »Die Sternenreuse«, © R. Piper Verlag & Co., München
Marie Luise Kaschnitz, **Das Wunder**, S. 63, aus: »Lange Schatten«, © Claassen Verlag, Düsseldorf
Erich Kästner, **Das Pferd auf dem Kirchturm**, S. 19, aus: »Wunderbare Reisen zu Wasser und zu Lande des Freiherrn von Münchhausen, nacherzählt von Erich Kästner«, © Atrium Verlag, Zürich
Fritz Kögel (Text), **Der Bratapfel**, S. 50, Melodie Richard Rudolf Klein, aus: »Willkommen, lieber Tag«, © Verlag Moritz Diesterweg, Frankfurt
Irina Korschunow, **Der kleine Flori und der Nikolaus**, S. 45, © bei der Autorin
Hermann Krekeler, **Traust du dich nachts**, S. 34, © beim Autor
Dorothée Kreusch-Jacob, **Der Schneemann auf der Straße**, S. 8, und **Der wilde Wind**, S. 10, © für die Melodie bei der Autorin
James Krüss, **Das Feuer**, S. 51, aus: »Der wohltemperierte Leierkasten«, Bertelsmann Verlag, Gütersloh, © beim Autor
Otfried Preußler, **Die Krone des Mohrenkönigs**, S. 110, © beim Autor
Joachim Ringelnatz, **Ich habe dich so lieb**, S. 28, aus: »und auf einmal steht

es neben dir. Gesammelte Gedichte«,
© 1953 Karl H. Henssel Verlag, Berlin
Wolfdietrich Schnurre, **Die Leihgabe**,
S. 76, aus: »Als Vaters Bart noch rot
war«, Verlags AG Die Arche, Zürich,
© beim Autor
Albert Sergel, **Holler boller Rumpelsack**,
S. 44, © für den Text Peter Ruh,
Staufen i. Brsg., © für die Melodie
Dorothée Kreusch-Jacob
Hans Stempel und Martin Ripkens,
Bärenglück, S. 15, aus: »Purzelbaum«,
© Verlag Heinrich Ellermann,
München
Karl Heinrich Waggerl, **Die stillste Zeit im Jahr**, S. 35, aus: »Das ist die stillste Zeit im Jahr«, © Otto Müller Verlag, Salzburg
Alfred Hans Zoller, **Stern über Bethlehem**, S. 88, aus: »In dieser Nacht«, © Gustav Bosse Verlag, Regensburg

Sollten in unserem Weihnachtsbuch
Werke von noch geschützten Autoren
aufgenommen sein, deren Quellen hier
nicht nachgewiesen sind, so konnten
diese trotz intensiven Nachforschens des
Verlags nicht ermittelt werden.
Wir bitten die Inhaber solcher Rechte,
sich mit uns in Verbindung zu setzen.

Alphabetisches Inhaltsverzeichnis

ABC, die Katze lief im Schnee 14
Ach bittrer Winter 18
Alle Jahre wieder 33
Als ich bei meinen Schafen wacht 89
Auf dem Berge, da geht der Wind 84
Bärenglück. *Hans Stempel / Martin Ripkens* 15
Bajuschki baju 108
Bald nun ist Weihnachtszeit 39
Bruder, ich geh auch mit dir 97
Da kommen die drei König....................... 120
Da tut es sich eröffnen 69
Das Feuer. *James Krüss* 51
Das Märchen vom kleinen Herrn Moritz. *Wolf Biermann* 16
Das Pferd auf dem Kirchturm. *Erich Kästner* 19
Das wild Vögelein 25
Das Wunder. *Marie Luise Kaschnitz* 63
Der Bratapfel. *Fritz Kögel / Richard Rudolf Klein* 50
Der Clown hätt' im Dezember gerne. *Karlhans Frank* 23
Der goldene Schlüssel. *Brüder Grimm* 29
Der Himmel ist ein alter Schneemann. *Günter Bruno Fuchs* 9
Der Hirte. *Helga Aichinger* 104
Der kleine Flori und der Nikolaus. *Irina Korschunow* 45
Der Schneemann auf der Straße. *Robert Reinick / Dorothée Kreusch-Jacob* . 8
Der wilde Wind. *Karl Seibold / Dorothée Kreusch-Jacob* 10
Der Winter. *Peter Hacks* 20
Die drei Spatzen. *Christian Morgenstern* 21
Die Enten laufen Schlittschuh. *Christian Morgenstern* 21
Die heil'gen drei Könige. *Heinrich Heine* 109
Die Hirtenstrophe. *Peter Huchel* 94
Die Krone des Mohrenkönigs. *Otfried Preußler* 110
Die Leihgabe. *Wolfdietrich Schnurre* 76
Die Raben. *Elisabeth Borchers / Dorothée Kreusch-Jacob* 24
Die stillste Zeit im Jahr. *Karl Heinrich Waggerl* 35
Ein Lied hinterm Ofen zu singen. *Matthias Claudius* 22
Eine Wintergeschichte. *Max Bolliger* 100
Es ist ein Ros entsprungen 62
Es kommen sechs Propheten 119
Es kommt ein Schiff, geladen 75
Es rengelet 13
Es schneielet 13
Festessen. *Felix Hoerburger* 48

Große Kälte, kleine Kälte	9
Holler boller Rumpelsack. *Albert Sergel / Dorothée Kreusch-Jacob*	44
Ich bin ein kleiner König	108
Ich habe dich so lieb! *Joachim Ringelnatz*	28
Ich schenk dir was!	28
Ich steh an deiner Krippe hier	60
Inmitten der Nacht	93
Joseph, lieber Joseph mein	98
Kaschubisches Weihnachtslied. *Werner Bergengruen*	70
Klöpfeleslied	38
Komm, wir gehn nach Bethlehem!	99
Kommet, ihr Hirten!	92
Kostas muß reisen. *Bruno Horst Bull*	57
Laßt uns froh und munter sein	40
Lieb Nachtigall, wach auf!	85
Lieber guter Nikolas	47
Maria durch ein' Dornwald ging	61
Neujahrsnacht. *Josef Guggenmos*	121
Niklas, Niklas, guter Mann	44
Nikolaus für den Nikolaus. *Toni Francis*	41
O du fröhliche, o du selige	72
O laufet ihr Hirten	96
Rätsel	12
Sant Niggi Näggi	53
Schnee im Dorf. *Josef Guggenmos*	11
Spielzeug. *Wolf Biermann*	43
Stern über Bethlehem. *Alfred Hans Zoller*	88
Still, still, still, weils Kindlein schlafen will	102
Stille Nacht, heilige Nacht	73
Susani	103
Traust du dich nachts zum Zauberbaum	34
Unser Pfefferkuchenmann. *Hanna Hanisch / Hans Poser*	52
Vom Himmel hoch, da komm ich her. *Martin Luther*	74
Was soll das bedeuten?	90
Weihnacht. *Josef Guggenmos*	95
Wer klopfet an?	30
Wir bringen Frieden	56

Wenn's draußen schneit ... Bilderbuchzeit!

Es klopft bei Wanja in der Nacht
28 Seiten. Gemalt von Reinhard Michl, erzählt von Tilde Michels
Kannst du dir vorstellen, daß Hase, Fuchs und Bär zusammen friedlich eine Nacht verbringen? In einer stürmischen Winternacht suchen sie alle drei Unterschlupf in Wanjas Hütte!

Ach, du dicker Weihnachtsmann
32 Seiten. Gemalt von Jutta Timm, erzählt von Ursel Scheffler
Was muß der Weihnachtsmann eines Tages über sich in der Zeitung lesen? Er sei zu dick, zu altmodisch und seine Geschenke zu ungesund. Da beschließt er ..., aber halt, diese fröhliche Weihnachtsgeschichte liest du am besten selbst!

Der Nikolausstiefel
24 Seiten. Gemalt von Ursula Kirchberg, erzählt von Wolfram Eicke
Endlich kannst du erfahren, warum der Nikolaus seine Geschenke in Stiefel steckt! Vor vielen Jahren traf er nämlich ein kleines, barfüßiges Mädchen im verschneiten Winterwald ...

Weihnachten beim Weihnachtsmann
32 Seiten. Gemalt von Jens Ahlbom, erzählt von Alf Prøysen
Weißt du, wie es am Heiligen Abend bei der Familie des Weihnachtsmanns zugeht? Die Weihnachtsmannkinder wünschen sich nämlich auch sehnsüchtig einige Geschenke.

Ellermann Verlag 80639 München